中华先贤人物故事汇

介子推

阎　扶　著

中华书局

图书在版编目(CIP)数据

介子推/阎扶著. —北京:中华书局,2019.2
(中华先贤人物故事汇)
ISBN 978-7-101-13758-3

Ⅰ.介… Ⅱ.阎… Ⅲ.介子推(? ~公元前636)-生平事迹
Ⅳ.K825.2

中国版本图书馆 CIP 数据核字(2019)第 020511 号

书　　名	介子推
著　　者	阎　扶
丛 书 名	中华先贤人物故事汇
责任编辑	王鹏飞　董邦冠
出版发行	中华书局
	(北京市丰台区太平桥西里 38 号　100073)
	http://www.zhbc.com.cn
	E-mail:zhbc@zhbc.com.cn
印　　刷	北京瑞古冠中印刷厂
版　　次	2019 年 2 月北京第 1 版
	2019 年 2 月北京第 1 次印刷
规　　格	开本/787×1092 毫米　1/32
	印张 3⅞　插页 2　字数 54 千字
印　　数	1-10000 册
国际书号	ISBN 978-7-101-13758-3
定　　价	18.00 元

出版说明

　　孔子周游列国，创立儒家学说；张骞出使西域，开辟丝绸之路；书圣王羲之，留下了曲水流觞的佳话；诗仙李白，写下了"举头望明月，低头思故乡"的名篇；王安石为纠正时弊，推行变法；李时珍广集博采，躬亲实践，编撰医药学名著《本草纲目》……

　　这些杰出的历史人物，有的是在中华民族文明进程中做出过突出贡献、对后世产生过巨大影响的思想家、政治家，有的是对中华优秀传统文化的传承传播发挥过重大作用的文学家、艺术家、科学家，有的是为国家安定统一、民族融合团结和中外文化交流做出过杰出贡献的军事家、外交家……他们为中华民族的繁荣发展做出了伟大的贡献，他们的行为事迹、风范品格为当世楷模,并垂范后世。

他们是中华民族的先贤人物。他们的思想、品德、事迹,是中华优秀传统文化的结晶。他们的故事,是对中华民族的禀赋、特点和气质最生动、最鲜活的阐释。他们的名字,在五千年中华文明史上最为光彩夺目。他们为五千年中华文明史书写了最为光辉灿烂的篇章。

为了解先贤,走近先贤,我们精心组织编写了这套《中华先贤人物故事汇》丛书。以详实可靠的史料为依据,以细腻动人的故事为载体,真实地呈现中华先贤人物的事迹、品格和精神风貌,彰显他们的贡献和功绩,以激发人们对国家民族的热爱,对中华文明、中华优秀传统文化的崇敬。

开卷有益,期待这套丛书成为你的良师益友。

目 录

导　读

　　春秋时期，晋国发生骊姬之乱，公子重耳被迫流亡十九年。为了晋国的前途，有很多贤士跟随重耳流亡，相传介子推即是其中之一。途中绝粮断炊，重耳饥饿难耐，介子推暗中割下自己腿上一块肉来，熬汤奉上。后来，在秦穆公的帮助下，得到民众拥护的重耳回国即位，是为晋文公。他大行封赏，介子推却不求利禄，携母隐居绵山。晋文公带人前去寻访，介子推隐而不见，为逼其出来，众人放火烧山。最后介子推与母亲被烧死在一株柳树下。

　　相传，晋文公悲伤至极，将环山一带的田地作为介子推的祠田，又让人砍回柳桩，做鞋穿在脚上纪念，并下令于介子推烧死之日禁火，只吃冷食。据说，这就是寒食节的由来。

　　介子推生平事迹简单，言行流传不多，但他忠于国家、不言禄不邀赏的高尚品格，深受后人敬仰。晚于他三百年的大诗人屈原，就曾在诗文中称颂他的事迹。后世也往往将二人并列，正是因为他们身上有着同样的清高超拔的气节和对国家的热爱。

追随重耳

望见那一群人马了，他们被一面崖壁挡住去路，停在谷地里。寂静的雪中，能听见喧哗声，但距离远，听不清说什么。顺着一条一条凌乱、肮脏的车辙，下了坡，就能到达他们跟前。有人仰起脸，回头朝向刚才经过的坡头，看见了介子推，他也许在想：怎么远远地还落下了一个人？

从西而来一道谷地，毫不犹豫地东去，消失在空阔的平原上。谷地南边崖壁峭立，仿佛一面大屏障，没有一条小路从中穿过。天地白茫茫，唯有崖壁一块一块显露出来，黑黑的，让人在雪地里不至于晕眩。人马之东，雪将一片林子裹得严严实实，除了细而直的树干，树冠完全被罩住了。那群人马，这会儿就停在林子之西、崖壁之北。又有几个人，对着介子推指指点点。在他们的目光里，介子推缓缓地、小心地下着坡，向着他们移动。

那道山谷叫柏谷，那片林子是柏树。

"啊，是介子推来了！"有人认出了他。介子推也认出了他，胥臣。低矮而胖，胥臣喘出的气，也比别人的更粗些。他的眼睛不大好使，但还是第一个认出介子推，至少是第一个叫出名字。

个子高大的赵衰（cuī）扭过头来："啊，真是！"他停下手中活儿，拂了拂袖上的雪。咯吱——咯吱——雪发出清脆的声音，留下一个一个大脚印，有的是新的，有的歪歪斜斜地叠加在旧的上面。

一阵小风从西吹过，横亘面前的崖上，抛下薄薄的纱一样的雪，好像要将他们全部聚拢到一起。

多数人不认识介子推，他们垂下手，交头接耳打听。一路上，时不时有人加入他们。几十号人，就像雪地里开出的一朵大花，或者一个越积越大的

"啊，是介子推来了！"有人认出了他。

蜂群，在雪地上缓缓前行。但这会儿他们静止下来，也许是走累了，也许是到了用饭时间，也许是碰到了高高的崖壁，也许是迷路了。他们一路上惊慌失措、急急忙忙，雪正好让他们休整一下。

在赵衰、胥臣引领下，介子推走近重耳。

"公子！"介子推俯身行礼，日光照上他的冠、衣、裳、鞋，将整个儿人描画出来。

重耳站在车前，盯住介子推，目光炯炯。他那张丰盈的脸上，虽经几天车马劳顿，生出疲惫、忧虑之色，仍不掩其英武宽厚。两根冠缨向东微微倾斜，风一止，又顺顺地垂下，裘衣上的毛也平复下来，沾着细小雪粒。冠上有一小撮儿雪。

一阵马鸣，从重耳身后传来。高高的辀（zhōu，车辕）指向崖壁。辀的两边，两匹马儿突然兴奋起来，打破了谷地的宁静，一匹呼哧、呼哧，将头左右摆动，另一匹呼哧、呼哧响应，将一只前蹄折起、放下，又换另一只，侧过头来，打量它的伙伴。马背冒着热气，毛一绺一绺凝结。

重耳还礼。介子推退身，从公子的车后绕过。

车厢当中，一块小而局促的席，被雪水洇湿。一根一根辐条，在雪地里格外鲜明。车轴一端套着的铜軎（wèi，古代车上的零件，形如圆筒，套在车轴的两端）呢？突出的尖木那么刺眼。介子推目光落上另一端，还在。軎的青铜之色让整个白茫茫的天地坚定下来。

回到赵衰身边，介子推突然想起其父赵夙。那个同样高大而白的人，随同君上南征北战的人。驾车是他们家传的技艺，他们世世代代都是好御者。谁不知道造父，那个为周穆王驾车日行千里的好把式呢？自从他的七世孙叔带来到晋国，又是七世了。

"来，来，这是魏犨（chōu）。"走到一个粗粗大大、肤色黝黑的人跟前。魏犨祖父毕万，是赵夙的老搭档。在君上的车上，赵夙是御者，毕万作车右，他们一起出征，灭掉耿、霍、魏诸国，为晋开疆辟土。

狐偃，介子推认得。他的父亲狐突更为人熟知，晋国之内，乃至普天之下，谁没听说过忧深思远的狐突大夫呢？狐突两个儿子，狐毛、狐偃，平日里仿佛重耳的左膀右臂。重耳母亲大戎狐姬出自狐氏，狐毛、狐偃是他舅父。这会儿，狐偃正把公子车前两匹马头上的当卢、节约与马衔子等物件理一理。他拍拍马首，像是抚慰它们，不要急躁，安静一会儿吧。那被拍的马，挣脱他的手，将脑袋仰起，呼哧、呼哧又是几声嘶鸣，嘴角流出白沫。

一个笑嘻嘻的人，从面前走过去，像是示意，朝这边扭了扭头。"他是颠颉。"赵衰把目光从那人身上收回。

一群人马，总是两两一对儿搭档。人是这样，马也如此，比如驾在辀两侧的服马，服马两侧的骖马。虽然两匹骖马离得远，但将辀与服马当作一根宽幅的辀，两匹骖马不就像服马一样了？它们照样交流，一样的眼神、步调。否则是多么寂寞啊，尤其是在陌生之地，又在一个雪天里，何况还是慌不择路的流亡途中。现在没有骖马，只有服马。

壶叔与头须这会儿也在一起。两人个子不高，一白一黑，真是天造地设、对比鲜明。他们负责辎重，总是忙活，手不停，嘴不停。他们的上衣裹得紧，一会儿就出汗了，于是摘了头巾。"小心，别把这个碰着！"壶叔提醒头须。"你就放心吧，干你的活儿去！"头须回应。他们正在一辆辎车上，上上下下地忙碌。一群人马需要热闹，否则路上真是太寂寞了。头须与壶叔，就是队伍里的一对儿搭档。

一停下来，就感到冷了，有人跺着脚，有人搓着手，有人咒骂老天不该下雪，有人祈祷快快放晴。

"要是郭偃在就好了，让他占卜下我们去齐国好，还是去楚国好？"重耳眼望头上铅一样沉黑的云，仿佛自言自语。公子身边围起几个人，好似一个移动的火炉为他取暖。

介子推脑子里浮现出那个脸方、耳大、眼睛老是眯着的掌卜大夫，他看起来似乎缺少精明，其实心中有数。君上立骊姬为夫人前，让他占卜，郭偃从龟壳开裂的纹路上，读出不吉之兆。君上很不满意，又让史苏以蓍草重占，结果出来，史苏觉得不吉。不待史苏解释，君上自认为吉。郭偃劝阻，说先有象后有数，从筮不如从龟。君上不从。郭偃是与公子相从最善的掌卜大夫。介子推用目光扫了一下，他不在。

"不用占卜了。"站在右边的狐偃，头昂向公子，"齐、楚两国路程那么远，他们的期望值又是那么高，这个困难时候前去投奔，并不合适。"像在深深思索，他长长吸进一口气，随即吐出来。"路程远，难以到达；期望值高，再从那里离开也难。"重耳右肩放低，侧身向着舅父，以便聆听。"我们不能去往这两个国家，不能寄希望于他们。"站在远处的魏犨，看到他们在商量什么，大步跑了过来。颠颉仿佛一个影子，跟在后面。重耳停下步子。"如果按照我的想法，恐怕还是前往狄地的好！狄地接近晋，互相之间没什么来往。狄人蒙昧简单，况且对我们君上多有怨恨。"站在公子左边的赵衰与胥臣望着狐偃，欲言又止。"距离近，容易到达；不通来往，容易藏在他们中间；积有怨恨，我们又能与狄人共同承担忧患。"

众人身上，突然照上一道白光。他们不约而同抬头，日头从铅也似的云后透出。见大家收回目光，狐偃又开口："如果现在我们去往狄地，免除这份被追杀的忧虑，同时观察晋国国内的变化，看看诸侯有什么动静，就一定会成功。"

话刚落地，魏犨想起狄地可以算是狐偃的故国。君上一次伐狄胜利，纳了狐氏二女，大戎狐姬与小戎子。狐突一同至晋，做了大夫。

狄地是公子舅家所在，也许小时候，重耳曾去过那里，越过黄河，到达那片野茫茫的草原上。那里竖起一顶顶白色毡房，人也着白衣，远远地看，一片白。他们天性豪爽，食肉饮酒。狐偃与狐毛回过老家，也许不止一次，但也不会太多。流淌在他们血管中的那份粗犷，早已变得精细，但从机警的目光与迅捷的动作上，仍能寻到先辈那份异域之风。

掉转车马，队伍开拔。马好像不大情愿，挣扎着，这是它们的天性。人则非常乐意，他们找到了方向。白日高高地，一片刺眼的光照在雪地里。谷地渐渐与他们分离，就像从没被打扰，它又恢复了久远的寂静。他们顺着介子推刚才走来的路，也是他们走来的路，登上坡头。

走在雪上，人马聚精会神，以免脚下打滑。一条一条山梁，犹如巨大动物的白色骨架，横陈天地。人的思绪这时候打开了，想起离开没有几天的家、家里的亲人，他们那儿也下雪吗？下得大不大？介子推脑子里，浮现出母亲。

"母亲，我打算出门，追随公子重耳，又放心不下你！"

"士志在四方，又有什么放心不下的！"母亲回答。宫中不好的消息，一个一个，从都城传到乡下，人们议论纷纷，母亲也听说了：骊姬作乱越来越大，为了让她儿子奚齐继位，唆使君上将太子申生与公子重耳、夷吾调离都城。一步步地，逼得申生自缢了。申生近乎完美，一说起他，人们总是叹息不止，有的甚至掉下了泪，母亲也擦起衣襟，背过身去擦拭眼角。申生死后，下面要对付的，自然就是重耳和夷吾。

"我听说重耳公子平时话也不多，但做事合情合理。"

"公子气度不凡，有许多贤士追随他。他在蒲城体恤百姓，深得人心。可那个无理的骊姬，派出寺人披前去刺杀，没有得手，砍下公子的一段袖子。公子只得离开蒲城，踏上流亡之途。"

母亲叹一口气："我听说他都不让蒲城的百姓抵抗，说是不能反对父亲？"

"我一直没有前去蒲城追随他，一是放心不下你，二是——"介子推望着母亲："有那么多人在他身边，也不差我一个。现在公子被逼出亡，不知道将要发生什么，我前去追随，也许能够出些薄力。"

"去吧！母亲还行，自己照顾得了自己，再说还有你妹妹，有什么事，我会托人捎话给她的。"

介子推脑子里闪出妹妹来。父亲死得早，母亲拉扯他们兄妹长大。父亲死后，家里衰败下来，车、马后来都变卖了。恍惚听人说起，他家出自周天子血脉，后来流寓晋国。妹妹出嫁一年多了，他们上次见面，还是今年麦子收割的时候，如今已是天寒地冻了。

又下雪了，是小雪。雪粒落在人的脸上、颈上，落在马的耳朵上、脊背上，落在寥寥的几辆车上，落在斜指天空的戈上，落在前面的路上、后面的辙上，落在近处、远处的山坡上、谷地里，也落在早已远远抛在身后的柏谷中。他们行进在若有若无的雪中，仿佛已被天地遗忘。

只有脚踩在雪上咯吱、咯吱的声音，与衡额上銮铃丁零、丁零的响动，单调地重复着。

介子推衣带上的黑边，在雪地里那么分明。

路遇吉兆

"康叔是文王的儿子，唐叔是武王的儿子，卫、晋两国本是一家。为周王朝建下大功的是武王，武王这一支一定昌盛。武王后嗣中晋国最有希望，晋国这一代里重耳德行最好。将来守护晋国祭祀的，一定是这位公子。"甯（nìng）速站住，两只大眼充满期待。

卫文公没有转身，他的目光滴溜溜，盯着一群啄食粗米的鸟儿。"哼！寡人在楚丘重新立国，并不曾借助晋国半臂之力。卫、晋虽为同姓，两国没有通盟之好。何况，这是一个出亡在外之人，并不重要。"那些鸟儿只顾埋头抢食，根本不理会主人与这位常来的客人在谈什么。

"以礼接待宾客，亲热地对待亲族，给善人以善意，"甯速趋前一步，"这就是所谓的三种德行。"

又撒出一把米，卫文公将目光落到甯速身上。"这位客人，身上可有狄人之血啊。"

十六年前，赤狄从北而至，卫懿公爱鹤失众，临阵竟无一人出阵，卫国乃至灭亡。可怜人民一路南逃曹地，不是宋国帮助，他们早就散尽了。后来又是齐君出头，才在楚丘建了这座新都。"来的这位晋国公子，是有白狄血缘。可骚扰我们的是赤狄，不是白狄。再说，白狄与赤狄也总为敌。"

"甯速，我听说，重耳娶了一位赤狄女子，还生下了两个儿子。"

"重耳如果将来复国，内抚百姓，外讨无礼，卫国恐怕难以幸免吧。小人害怕这个，"甯速仍然没有放弃，"君上要早作打算。"

卫文公有些不耐烦了，挥挥手。"卫国正在恢复之中，百般艰难。若将他迎来，又是设宴款待，又是馈赠礼物，要费多少人力，多少物力？我看就免了吧。"那些鸟儿啄光了地上的米，抬起小而圆的脑袋，直对着他们，楚楚可人。

话传了下来。

正在城下举头仰望的一队人，等了半天，等来这个结果。城门没有吱呀一声欣喜地打开，让他们疲乏的脚歇歇，空鸣的肚子填饱。对着城门的辀向右一转，绕着城墙，铃铛发出可笑的、仿佛自我嘲笑般的声音。歪在地下的人站起身来，拍拍屁股上的土，啊呸，吐出一口痰。有的人连痰都吐不出来了。新城很小，城墙的土还没灰黑，生出青苔。筑得匆忙，土不精细，里面夹杂草籽与大的砂粒。天那么高，那么远，眼前的楚丘像一堵崖壁兀立。车轮发出有气无力的声音，仿佛缺少脂膏。前面一辆，车上还是三个人，公子重耳居左，赵衰居中，狐偃居右。后面一辆是壶叔驾驶，车上只他一人，载些物什。两辆马车的中间、后面，是步调不一的来自晋国的一队流亡者。上午的日光照在他们有些凌乱的脸上、身上。他们在狄地停留了十二年，现在又重新踏上了流亡的路途。

"这个卫君也太怠慢无礼了，公子应当在城下斥责一番再走！"魏犨徒步走在重耳车左稍前，扭回头去愤愤地说。

胥臣跟在魏犨身后，在他的大影子里时出时入。"也当原谅。赤狄将卫国抢掠一空，听说卫君即位那年，只有三十辆马车，可怜！"他像在回答魏犨，又像在安慰公子。"卫君也是穿戴粗陋，夙兴夜寐。"觉得好像在替卫君开脱，他又补充一句："现在好多了，但再怎么不好，也不该这么拒绝远方客人。"

楚丘落在后面了，旷野静悄悄的。

"卫君也曾亡命齐国，尝过在外的辛酸，难免忍饥挨饿。"站在车上另一侧的狐偃，加入他们谈话中间。"现在居然忘记过去，不知道怜悯别人。"他干咳了一声，却没吐出痰来。

赵衰将缰绳理了理，慢条斯理地说："蛟龙失势，陷于泥淖。公子暂时不妨忍一忍。"他瞟一眼重耳。"就是在城下斥责半天，也是白费口舌，顶不了用。"后面这一句，算是回答最先开口的魏犨。

"既然他不尽主人之礼，就莫要怪罪我们了。"魏犨又搭上了腔，"到了前面的地方，实在没有办法，我们也只好抢掠一番了。大活人的，得想办法。"不知被什么绊了一下，身子猛地向前一倾，待挺直后，他嘟囔着说："我们总不能不吃不喝，这样一直走下去。"

"对，对。"不知什么时候，颠颉跑到了魏犫身边。

"我们宁愿饥饿，也不做盗贼！"重耳终于开口了。

这时大家才齐刷刷地，把目光投在主人身上。公子强压愤怒，将嘴唇咬住。嘴唇有些颤抖，有些发紫，也有些干涩起皮了。他的眼睛里有火在烧，那是饥饿之火，更是遭受侮辱之火。这个平时不易激动的人，此刻内心翻江倒海。如果不看他的表情，只听方才说出的话，你会感觉和风细雨。任何一个人，也难以忍受这般对待，何况还是一位大国公子，又是上门投奔。

而在后面车上，壶叔孩子似的带些哭腔了：

"根本不曾想到，头须这个烂人！整天在一起也看不出来，他装得多像啊。我们一起搬粮食、搬衣服、搬器具，他那么出力气，根本不是不想搬，不想跟我们一起走。他流了那么多的汗，脸上一道一道的。我让他擦他都不擦，让他歇他都不歇。"壶叔用窄窄的袖子抹了一下眼，"原来他是为自己做准备，早就打算好了的。那么多的东西，他卷走了。你要走你自己走啊，没人拦你。路宽着呢，想回去你就回去。可你不能把东西卷走啊，我们这么多的人，吃什么喝什么？公子待你又不薄。你做的什么事？你对得起谁？哪天要让我见了你，看我不扒下你的皮！"他竟然抽泣起来，"头须，你这个烂人，我不会饶过你！"

昨天黎明时分，要出发时，才发现头须不见了，三辆车也不见了。两辆装满食物，一辆装着大小器具，那可是他们在路上的大半家当。昨天整整一天，他们没吃没喝。满以为今天到了楚丘，情况会好。

"壶叔，壶叔，不要生气，生气也没有用。"走在车右侧的介子推安慰他，"我们总会有办法的。"

不知是听到壶叔低沉的埋怨，还是来查看，胥臣跑了过来。他朝着介子推："这个头须，早就有些异样。"似乎想好了，才又开口，"我们的衣襟都向右掩，他却学了狄人模样，向左掩。不是说狄人不好，只说这个头须生了异心。"

"也许是吧。"介子推觉得有些牵强了。

向东走了半晌，日已过午。旷野静悄悄的，像一只空空的大口袋，任由这一伙儿腹雷阵阵的人筋疲力尽地走。影子在面前拉长，却攥不上。顺着一条略直的大道，道旁是相接的田地，下坡、下坡。马倒是不费劲儿，车也轻便得很，可是他们的膝盖总是打着颤儿，身子晃悠悠的。偶尔听到一声几声蝉鸣，是那种力气将竭的短嘶。

看到了人！几个农夫正在田里劳作。于是这一队人，振作起了精神，仿佛他们会带来什么希望。

地头有株大槐，树叶不浓密了，但遮挡日光还好。一位上了年岁的老农夫，站在树下，向田里招手。正在耕地的几个农夫，停下手中活儿，望着树的这边。他们拔出耒（lěi），扛在肩上。耒像长矛，但前端有节横木。"下了战场，可以喘口气了。"队伍中不知有谁，有气无力地撂出一句。不知是说人家，还是说自己人。大半天了，没人吭一声，仿佛为了保存实力，不想浪费哪怕一丝力气。

车到跟前，队伍停下了。那些埋头吃喝的农夫，放下手中餐具，站了起来。麻籽清香扑面而来，藿羹发出青草味儿，一阵一阵飘了过来。有人使劲抽了抽鼻子，有人吞咽下口水。狐偃从车上下来，双手捧着一只箪。箪在他的胸前，仿佛一只被晒干了的轻飘飘的大瓜：

"我们是晋人，车里站着的是我们主人。走了大老远的路，携的粮食不够吃了，请求分赐一点。"那位老农夫一边打量着他，一边听他说完。

"堂堂大人，却不能自己养活自己，向我们讨吃的。我们只是农夫，填饱了肚子，才有力气下地干活儿。哪有多余的食物给你们？"他摊了摊双手，又放下来，嘴角挂着一粒嚼碎的褐麻籽。

旁边一个后生，忽然转身蹲下，从地里拨拉出一块土，举在手中，笑嘻嘻地斜着身子走上前。他把土块扔进狐偃捧在胸前的箪里，迅捷地抽回手：

"这个给你吧，这个给你吧。"

重耳从车后面下来，手里握着一根细长的鞭子。原在赵衰手里的，被他夺了过来。他大踏步走到槐荫下，走到那位年轻后生面前。那位后生，许是害怕了，不知所措地站在那里，一动不动，脸色黑红。年长的老农夫，没想到后生做出这样的举动，正要呵斥，但看到对方主人冲过来，于是态度发生改变，转而要保护自己的人了。就在他推开后生，挡在前面时，这边狐偃左手抱簞，右手拦住公子。高举在重耳手中的鞭子，当空垂下，仿佛一节柳枝。

"得饭容易，得土难。土地是国家的根本。这是上天的赐予，上天凭借他的手，将土地授予公子。此乃公子将要得到国家的预兆，为何反而发怒呢？公子当跪下来，接受上天的恩赐！"

重耳愣了一下，随即双膝着地，一脸肃穆。

几个农夫没有料到发生如此一幕，连那位上了年岁的，也说不出话。他们张大嘴，睁大眼，齐刷刷地投向跪在地上的虔诚的公子。天上的云停住，将影子定在地上。

狐偃将装了土块的簞，小心翼翼地放到车上。重耳站起来，返身上车。狐偃左右扫了一眼，也上了车。那条鞭子，又握在了赵衰手中。啪、啪，他甩了两下，车轮重新启动，朝着东方，朝着远在天边的齐国。非但几个农夫，魏犨、颠颉，连同壶叔，走在车下的一队人，也弄不明白。

"人民捧土服事公子，还有什么可求的呢？"狐偃来了精神，仿佛刚刚吃饱了饭。"上天决定了的事，一定先有迹象。"他向左看了一眼公子，又用目光扫了一下正在专心驾驶的赵衰、跟在车子这边的胥臣，还有介子推他们。"上天已经降下征兆，岁星再到寿星时，我们一定会得到诸侯的拥护。十二年后，我们一定能获得这块土地。上天之道，就从得到这块土开始。"他用舌头舔了舔干裂的嘴唇。

这个名叫五鹿的地方，刻在介子推他们心中。十二年后，晋文公伐卫，攻克五鹿，在濮城战胜觊觎中原的楚国，又在践土大会诸侯。除了那位上了年岁的已死，其余几个农夫，总是向人说起十二年前亲眼看见的那位落魄晋国公子。

割股奉君

歪歪斜斜，又走了一段路。饥饿使人轻飘飘的，双腿却像灌了铅，越来越拖不动了。队也不成队了，相并的人分开了，后面的人距离越来越远。也不说话了，力气还是用来赶路吧。旷野静悄悄的，人静悄悄的，生怕惊动了一路相随的白日，惊散了挂在天上的仅有的淡云。

嘎吱一声，前面的车停下了。瘦削的狐偃敏捷地跳下，站在车厢旁边。重耳转身朝后，向人群望了一眼，又望了望四野，才伸出左手，被狐偃扶住，强提精神跳下了车。最后下来的，自然是驾车的赵衰。他将缰绳一拢，示意两匹同样疲倦的马儿，可以休息一下了，才转过身，两手托住车厢，扑通一声双脚着地。他甩了甩胳膊，驾车也是个力气活儿。

拉开的人三三两两赶过来了，聚在一起。他们满面灰尘，一身困乏，目光涣散。不高的丘陵到了尽头，一南一北两条小河，在前面不远处汇合，接着是望不到边的平原。休息一下吧，找点儿吃的吧。有人不想动了，但又强打精神。人群四散开来，去到山坡上、河谷里、平地间，寻找可以填一填肚子的东西。收割完的田地平展展的，一无所有。但有一些野草，可以当菜，这儿那儿总会有些。只要埋下头来寻找，只要认得，只要可以咀嚼。

一株香椿长在车旁，细而高，叶子没几片了，银灰枝条从顶上往下，收到主干上。公子斜躺下来，头枕在狐偃股上，没说一句话，也没什么可说，迅速进入梦乡：

人们从毡房里走出，相互致意，盛大的节日活动正在进行。羊被牵来，一只一只宰杀。殷红的血、白的皮毛、翠绿的草与黄的土地。火焰蹿起，一条条大小羊肉，嗞嗞滴着油，冒着青烟。头须与壶叔忙个不停，他们商量，尝试故国的炮羊做法。两个狄人听从他们安排，已将一只羊的内脏全部挖去，在水里洗净。不知从哪儿弄来红枣，一筐子红枣，狄人将枣一把一把塞进羊肚子。壶叔递上一束一束编好的青草，头须用它们缠绕羊的全身，紧紧捆住，糊上泥巴。一只奇怪的泥羊被架在火上了。烤干了，狄人将羊支起，头须与壶叔将泥巴小心地掰掉，一只干净的羊露了出来，朱砂红。他们将米粉一遍遍涂抹在上面，放进油鼎里煎。颜色金黄，诱人极了。捞出，狄人支起耳朵，听从头须吩咐，将羊剁成一条一条。又放进小鼎中，小鼎又放进大鼎。大鼎注水，火苗舔着鼎底……

　　壶叔提个陶盂，与介子推一起走下缓坡，沿着北边那条小河，一直往上走。到了一个拐弯处，一簇芦苇长在河湾里，一块白色大石头兀立边上，河边的草碧绿。壶叔弯下腰，将盂口斜斜朝上。咕咚咕咚，水流进去，马上满了。他提出来，放到地上，一手握住，一手在里面清洗。把水倒了，又将盂放入河里灌水。

　　"大人，我们就在这里剜点野菜，煮点儿汤给公子吧？"

　　介子推抱来一扑干柴草。地上干燥，有一些卵石。他挑出三块大小相当的摆在一起，壶叔将盛了水的盂端过来。介子推将三块卵石往近挪了挪，壶叔把盂正好支在上面，放平。盂里的水清亮，照出介子推与壶叔两张枯涩的脸。

　　"壶叔，你去寻些野菜，我在这里烧水。"介子推一边说，一边从腰带上解下小小的火石、火钻来。

　　狐偃的头变得沉重，一点一点低下去了。猛地抬起，反复几次，还是睡着了。重耳的头，不知何时移到狐偃膝上。那双一直站立的膝，直直地陈在地上。不一会儿，重耳打出了舒服的、长长的呼噜：

　　在蒲城里，他正目睹制醢（hǎi）：他们将干肉一条一条从墙下取下。穿过肉一端的绳子油乎乎的，都黑了、硬了。他们将绳子解开，扔掉。铡一条一条干肉，铡得细碎。倒进大鼎，一下一下。有人抬来酒曲，一阵浓烈的酒味儿冲进鼻孔。将酒曲倒进大鼎，又将盐倒进。反复搅拌，直到上面的酒曲与盐全部与碎肉融合。有人又抬来了酒，倒入盐腌的碎肉中。屋里弥漫着酒味儿，有些醺人。将鼎中搅拌好了的肉末，用大木勺子舀出，倒进一只一只小坛子里。塞上木塞子，木塞子用麻丝缠绕，再用泥密封……

壶叔走了，朝着西北方向。谷地宽阔，像一扇大簸箕打开。壶叔细瘦，好似路过的那株漆树。

介子推俯身，将一把茅草握紧，塞到陶盂下面。他跪下来，一手捏着火石，一手拿着火钻，凑到草底，歪着头打火。跪下之时，眼冒金星，这才觉得肚子瘪瘪的，陷下去了。自从昨天早上开始，他们就没吃过东西。人不能歇下，不能松口气，一歇下，一松口气，就提不起精神了。擦出火星，溅到草里，点着了。但烧了几下，又灭了。他把草按一按，再次打火。火点着了，他鼓起瘪了的腮帮子，小心地吹。

公子下车时恍惚的样子，忽然浮上他的心头。自己都饿成这样子，锦衣玉食的公子，怕是更受不了。介子推喝过稀乎乎的菜汤，那只会把肠子涮得更空，让肚子更加饥饿，那种感觉真是奇怪。

公子下车时恍惚的样子，忽然浮上他的心头。自己都饿成这样子，锦衣玉食的公子，怕是更受不了。

火灭了，他走神了，忘了往里面加柴草。介子推将烧尽的灰，用一支柴棍拨出来，重新跪着打火。

介子推走到河边，解下腰带上的佩巾。佩巾布满灰尘，他抖了抖，平放到水面上，水迅速将它浸湿了，他用两手搓洗。他站起来，拧干佩巾，擦干双手。他朝壶叔离去的地方望了一眼。什么也没有，河谷里空荡荡的。一步一步，他走回来。盂里的水，开始冒出一丝一丝热气。过会儿水就开了，壶叔还没采回野菜。什么也没有，甚至没有一声鸟叫。只有八月的旷野，才有这般寂静。

他靠上大石头，石头暖暖的，是日光的馈赠。他觉得有点儿晕，有点儿战栗，但很快镇定下来。他用左手撩了一下衣襟。但没撩开，衣带束得紧紧的。他把那个打的结找出，用手解。试了几下，没有解开。是绑得太死，还是没劲了？再试一次，仍然纹丝不动。他摸出腰带上系的小觿（xī）来，小觿是骨质的，不知道是什么动物的骨。他用小觿瞄准疙瘩中空的地方，一下一下挑着。结解开了，衣襟撩开了，掩在左边石头上。他想褪下左腿裤筒，又没解开系在腰间的绳。什么都打成死结了，也许是走的路太长了。他再次用小觿，小心地挑开。他抽出剑，朝向左腿……河上起了涟漪，是一阵小风。芦苇向东南方向稍稍偏移，又恢复了原先姿态。芦苇高高的，像是一种坚持，一种象征，一种信念。河面恢复了平静，但水在流。

狐偃醒过来，他用袖子拭了拭嘴角，又用手揉了揉眼睛。一片叶子晃悠悠地，落在了重耳脸上。重耳睡得实在太香了，根本没有反应。狐偃用手轻轻捏起叶子，将它扔掉。重耳伸了一下身子，口角流出涎水：

羹，用醯、醢、盐、梅、菜五味，加进鼎中煮的肉汁里。香气飘溢，越来越浓。那是在绛都，在高大庭院里。在冬天，一个凛冽的冬天之晨。重耳的头发，在日光下闪出乌亮的光。他站在那里，对面是一脸严肃的郭偃。郭偃正在读出几句诗来："亦有和羹，既戒既平。鬷（zōng）假无言，时靡有争。"郭偃缓缓开口："譬如这羹，只有将五种味道调在一起，才能中和，人食用了，才能益于性情安平。"重耳舔了舔饱满的嘴唇，使劲咽下一口唾沫。他俯身于鼎，想看看五味。除了菜，其余的都化了。什么菜呢？是葵？是韭？还是整齐的葱段？……

壶叔回来了，他挖来了野菜，用帻巾包着，四只角捏在手里。他踉踉跄跄，好像踩在泥上。饥黄的脸却红红的，不知是由于日光所晒，还是弯腰劳动累了，抑或是小小收获带来的莫大兴奋。

还没到跟前，他就奇怪地抽了抽鼻子，使劲地吸了几下：

"什么味儿啊？"

介子推靠在大石头上，脸色有点儿苍白，头上细细的汗粒已全干了，他用手指指盂里。

壶叔顾不得和他说话，直奔盂跟前。不错，盂里飘溢的是肉香。他又抽了抽鼻子，瞪大了两眼。一块肉，在盂里平静下来。汤透亮，热气在上面缭绕。火熄灭了，灰烬塌成虚虚的一堆，只有中心还发出微弱的红。随脚带来的风，使它们忽闪一下，又灭了。三块支盂的卵石，朝里部分熏得黑乎乎的，朝外部分却还青灰，透出细白的斑点。

"哪儿来的肉啊？"他朝向介子推。

介子推走了过来，左腿微微有点儿瘸。他笑了笑：

"你把盂端上吧，我把野菜提着。"说着，他从壶叔手里接过盛野菜的帻巾。丝丝汗腥味儿，被浓浓的野菜味道压着。

是苦菜，叶子似蛇，边缘带有小齿。介子推记得，母亲也从浍水河谷里采过，凉拌。虽名苦菜，其实只是甘中带一点儿苦，但那种苦却让人难以忘记。这会儿菜有些蔫了，是甘是苦难以分辨。

壶叔探手试了试盂沿，有点儿烫。他从旁边拽了一把青草，用青草衬在沿边，将盂小心地捧起。真香，他又低下头，嗅了一嗅。介子推跟在后面，右手提着那包没煮的野菜。他们沿着河谷，朝回走去。谷地软软的，踩上去不费力气。介子推的右脚，用的力气似乎更大一些。

重耳醒来，打了个长长的哈欠。一阵腹号，使他将站起的打算放弃了。狐偃反复伸了伸腿，才站起来。长时间支着公子的头，两腿都麻木了。又一片叶子，从香椿树上落下，碰上狐偃的头，又从背后坠地。

已有几个人聚在一起，围住公子。

有人捧上一个罐子，重耳双手端住，举到面前，嗅了嗅，才皱紧眉头，咽下一口。

"啊呀！"他扭过头去，吐了出去。

壶叔与介子推赶到了。那股浓烈的野菜味儿，介子推老远就闻到了。壶叔也闻到了，但一阵一阵肉香，又将其逼走。

"公子，这是介子推大人熬的一盂肉汤。"壶叔先将盂放到地上，衬的青草掉了，边沿已不发烫，才将盂重新端起，递给公子。

所有的人都闻到了肉香，他们好奇地盯着壶叔。

重耳接住递过来的盂，看了看，嗅了嗅。不错，是一块肉，是沁人心脾的肉香。那一瞬间，他想起了刚才做的一串一串的梦：壶叔与头须炮羊，大鼎下的火，连烧三天三夜，小鼎才从平静下来的大鼎中，被人小心地抬出。真香啊，围住的一伙儿人，尤其是狄人，啧啧称赞不止。醢浇上去。那是密封在小坛子里一百天、整整一百天的醢，稠而黑，倒在一个一个盘子里蘸用。热腾腾的羹里，也加有醯。

"哪儿来的肉？"用毕，重耳将盂递给壶叔，问介子推。

介子推趋前一步，躬身道："这是臣股上之肉。臣听说，孝子杀身以事其亲，忠臣杀身以事其君。公子没有进食好久了，所以臣割股熬汤，以饱公子之腹。"

所有在场的人，连同那个懵懂的壶叔，如梦初醒。他们愣了一下，全都将目光聚焦在介子推身上。静悄悄的，有人眼睛湿润了，别过脸去。重耳眼中，也忍不住滚落大颗的泪珠。

"我有何德，一个流亡之人，拖累大家多少！你竟如此割舍，将来我当如何报答！"

"只要公子早日得返晋国，臣岂要什么回报！"

天空净而高远，仿佛什么也没有，却将地上万物，将这重新焕发精神、紧紧团结起来的一队人，将站在中间的重耳与介子推，长久保存在记忆里了。

潜离临淄

枝叶茂密，白昼遮挡日光射向地面，黄昏却让热气久久不散。驻停其间的一队人马，眼见大片桑林，如何渐渐模糊、消失了轮廓。碧绿没入黑暗，变成黑暗中最坚实、最浓重的部分。

"公子已至于此，子犯（狐偃，字子犯）大人的办法竟没能骗出他。"虽然远离人烟，高大个子的赵衰还是压低声音。"姜氏深明大义，一计不成再生一计，想办法将公子灌醉，窃将出来潜离临淄。"

一个粗矮影子搭上了话："子馀（赵衰，字子馀）大人为我们选的目的地不错！方今宋公正欲图霸，又是好名之人，我们前去投奔，定会受到欢迎。不过，"他略略迟疑一下，"宋公不久前刚在与楚的战争中受伤，听说伤得还不轻。——这可不是个好时机。"但他随即又转折了，"如子馀大夫所言，在宋不得志，我们就再前往楚、秦。"是胥臣。

"子犯大人与公孙大司马有旧交情，前往也好落脚。"停顿一下，胥臣补充一句。

赵衰望着西南方向："不过，这个宋君也真有点儿迂。"

树根底下亮起几粒微弱萤火，有近有远，但什么也照不见，除了让那小虫自己整个儿显现。一只晃晃悠悠，从赵衰与胥臣中间高处，划出一道细细弧线，若有若无，落到远处不见了。

"转眼来到齐国五年了。"说话的是介子推，他的声音听起来那么清峭，"日月如流，我们不能再消磨下去了。"

"本想凭借霸主之力，孰料形势如此变化，除了另往他国，再无良策。"赵衰感慨。

"是啊，是啊。"胥臣接过话去。"齐公一代霸主，又有管仲辅佐，成就煌煌伟业，不想竟有如此结局，五个儿子起来作乱，你争我夺，竟让其父陈尸两月有余，以致生出蛆虫，出于牖外。怎不令人伤感。说到底，还是年衰智昏，不听仲父之言，起用杀子的易牙、自阉的竖刁与背国弃亲的开方三个小人。泱泱东方大国名震华夷，不出几年时间，落到一个举目凋零的境地，四方诸侯也都疏离了。"

"这也是没奈何的事！"壶叔从淄水那边过来。

就在桑林之外不远处，淄水平缓地流着。不像故国浍水，落差有声。这儿是平原，白昼甚至感觉不到它在流。如果不是一只蜻蜓点过，或者一片落叶漂浮，你都会觉得它是静止的。在黑暗中，它反射出白色的光，柔和的岸线映入异乡人的眼底。

"也怪不得前天魏犫发怒，公子确实耽于安逸，忘记当初之志了。"赵衰总是那么平易近人，然而自有是非界线。"我们不辞辛苦，跟随公子这么多年，不就是为了有朝一日成就大业？"他压住一声小的咳嗽，"何况如今夷吾将晋国弄得一团糟，百姓水深火热，日夜盼望公子回去重振国力。他们要是知道，公子现在苟且偷安，早已忘掉当初雄心，不知如何失望。"

"这个地方好啊，我要是公子，也不想走了。"壶叔说的是真话，还是反话？

"壶叔，不得乱说。"介子推喝住了他，"自从踏上流亡之路那一天起，我们时刻没有忘记胸怀所系。"

一阵细微的声音，一只小甲虫分开翅鞘，碰到壶叔帻巾上，只好自认倒霉滚落在地。谁也没注意到这微小的一幕，就连壶叔自己也没感觉到一只小甲虫碰上了他，有些懊恼地掉下去了。

"我一想到那个可怜的蚕妾，就觉得有点儿可惜。"壶叔又开口了。

"要是蚕妾走漏一丝风声，我们离开这里就难了。在齐国这个非常时期，公子还想终老于斯。"胥臣用袖子拂了拂脸。"不过，蚕妾死得是有点儿不明不白，也许她是一片好心。"

"姜氏果断妇人！倘有不虞，公子与我们这一队人就麻烦了。"赵衰接腔，"她劝公子抛却安乐离开这里，寻求机会复国。百千女子当中，怕难以找出这么一个深明大义的！"

"孰料公子竟不知醒悟！"介子推顺手扯住一条桑枝。

"我们在狄地，可是一待十二年，比这里时间还久。当时子馀大人与公子，虽然恋恋不舍，也不至于此。"壶叔插进话来，"不想齐地与姜氏，耽搁住了公子。"

有只斑鸠低低地叫起，暮春黄昏时分，听来那么清晰、那么悠远，让人不由支起耳朵。这个时节的鸟鸣，仿佛提示时光易逝，警醒人们莫失莫忘。大家一时沉默下来，半天没说一句话。

"我们去诳公子郊外射猎，公子竟以身体不适推辞了。"胥臣说的是早上他与狐偃、赵衰、魏犨一行邀请公子，想以射猎为名诱出之事。

"亏那姜氏是个高明妇人，她将子犯叫了进去。子犯开始还在遮掩，不料姜氏直接说出昨天我们所议。"赵衰又将上午之事说与人听，"真如子犯所言，这位姜氏不仅贤德世所罕见，并且极有谋略。"他按住了剑。"这是天不弃晋！公子与我等，马上就要踏上新的征程了。"

"只是今晚之事，要万无一失。"介子推提

醒，众人欢欣之色缓减下来。

"子犯大人行事一向谨慎，又有魏犨、颠颉两位之勇，大可放心。"壶叔不失时机又是一句。

众人这才发觉夜色渐浓，露水升起。衣服用手摸去，有些凝重的感觉。齐国桑蚕之好，在故国时无法想象。丝绸如此轻软，不定身上所穿的哪一片丝绸，就出自眼前的桑枝。暮春傍晚，岁月静好。东边天上升起几颗星，露水一样一闪一闪。有匹马儿打出几声响鼻，似要永久嵌在这美妙的夜色里。

起风了，风吹过隐入沉沉黑暗中的桑林，吹过其间的一队人马。

介子推耳灵，听见车轮擦过地面的声音。壶叔眼尖，随之看到两车驶来。车马穿行在桑林间，黑乎乎的影子在星光下逐渐清晰，驶入众人目光所及处。是从东门而来，东门是离桑林最近的城门，也是两个时辰前他们所出的城门。临淄雄伟，它那庞大身躯犹如一头大海兽，在夜色里陷入睡眠。

到了跟前，壶叔一个箭步窜上去，介子推跟在后面，赵衰、胥臣与其他等待的人也围上去。

起风了，风吹过隐入沉沉黑暗中的桑林，吹过其间的一队人马。

两匹马儿抬起前蹄，高高立起前半身，不情愿地停下来。狐偃将缰绳一拉，他的姿势就像要后退一步，以便积蓄力量，再铆足了劲向前奔跑似的。在他身后的车厢里，魏犨昂起头，但没松开手。几个人凑到跟前。魏犨双手轻护着公子。公子蜷在那里，打着轻微的鼾声。魏犨将一直不舒服地弯曲着的腰身伸展，长长出了口气。没有人注意后面载着物资的车，颠颉独自跳下，也过来了。

大家迅速行动，各自整理行头。马儿也极明白地试着蹄子。赵衰站到了车上刚才狐偃所在的位置，握起缰绳。照看公子的人，则由魏犨换成狐偃。公子被大家动了动，身下的铺垫挪了挪，以便躺得更舒服些。

二十几辆车，排成一条不很直的长线。这些车大多是五年前刚至齐时，年迈而好客的桓公赠送的。要离开时，众人才注意到不知何时，星光早将桑林轮廓勾勒出来，也将车、马与他们彼此的面貌勾勒出来。有人瞧了一眼临淄，那座高大的城池，在星光下显得突兀、寂静、不可动摇。

鞭声轻脆，车声沉缓。

狐偃的脑海里，还停留着刚才的场景：

急匆匆的侍女，一阵小风似的拂过地面，她们召唤他与魏犫、颠颉。三人早已等得心焦了，来不及说话，跟着跨过一道一道的门，进入精美的宫室。公子脸面酡红朝上仰躺，一只胳膊斜斜地伸了出去，另一只搭在胸前，醉得烂泥一般。魏犫转身俯下，颠颉与狐偃将公子架起，扶到他的背上。公子两只袖子，长长地甩到了魏犫面前。狐偃挽起，折回搭在公子肩上。魏犫动了动，使公子与自己贴合得好些，背起来容易些。

要告别了，一向果决的姜氏，流下热泪。

"不曾想到齐国会有这样的妇人！"狐偃半天突然冒出一句。

"这是要振兴晋国！"赵衰回应。

他们沿着淄水上溯，向西南而去。不久淄水不见，仍是平原，弥望无边。土地苦涩的味道里，夹杂着甜气儿。听见鸡鸣、一声两声狗吠。就在背后，东方露出鱼肚白。他们渐行渐远的齐国，多少次为他们奉上大鱼，不是出自淄水，而是出自大海里的比案板还要大的鱼。

"水，水。"重耳翻了一下身，一股酒气冲进狐偃鼻子。

"等一会儿吧，天还没明。"

"扶我下床。"

"这不是床，是车。"

重耳忽然睁大眼睛，看见狐偃，愣住了，呆呆地盯着，又看了一小会儿。

"我怎么会在这里？"

"我们要离开齐国！"

"啊？"重耳揉了揉蒙眬的两眼，倏地坐了起来。

"我们是在车上。"

"为何骗我出城？这是要去哪里？"

重耳猛地醒悟，使劲站立起来。摇晃了一下，随即稳住了。他一扫视，从车旁侍从手里夺过戈。

狐偃急忙跳下车，重耳也跳下来，操戈直追。

赵衰将缰绳一束，前面、后面二十余辆车与徒步的人停下了。他们用惺忪的眼望着清冷空气中的一幕：赵衰、胥臣与介子推拦住重耳，重耳愤愤地将戈扔到地上。狐偃站在前面不远处，扭过头来：

"为成就公子，狐偃不惜一死。"重耳挣脱又追："如果成不了大事，我要吃舅父之肉！"狐偃一边奔跑，一边回头："如果大事成不了，我还不知道死在哪里，你怎能吃到我的肉？如果大事成了，晋国有的是好吃好喝，我的肉又腥又臊、又老又柴，公子哪能咽得下呢？"

介子推左腿的疤，一阵跳动。

"我等以为公子胸有大志，才抛却骨肉，舍弃家园，一路追随，奔走于道路之上，远行于他乡之地。如今夷吾无道，晋国人民谁不盼望公子回去。再不离开齐国寻求支持，我们怎能踏上返程？"胥臣晓之以理。

"今日之事，是我等一同商量，非子犯一人所为！"赵衰斩钉截铁。

"丈夫当成名立业，奈何依恋儿女之乐，贻误大事！"魏犨也不客气。

看看事已至此，再无悔改之法，重耳气消下来，改了口吻：

"重耳不才，愿听教诲！"

介子推捧过水来，递给公子。那是取自淄水里的，透出清凉。

一队人马重新上路了，曙光毫无吝啬地将他们的身影勾勒出来。不是朝着故国所在的西北，而是向着西南。赶路的人倦容一扫而光，仿佛他们不是经过一夜行走，而是刚刚动身，还带着昨晚的温暖似的。

忠之问答

    "秦国的车真是用料实沉、装饰华美！"魏犫赞叹。众人于是把目光一齐投向前面公孙枝的车。那车果然粗壮宽大，銮铃之舌撞击发出的声音，不是清脆而是低闷。看不见驾驶的马，车在疾奔。这样的疾奔已不知有多少次，齐、曹、宋、郑、楚，到现在的秦，希望这一次是一个终点。

    水面早已冰封，芦苇一大片一大片，根冻在冰下，梢在风中拂动。曙光照射，结了一夜的圆满露珠，在红霞里变暖、变无。也有的在风中滴落，掉在厚厚的冰上，凝结出各种花纹。芦苇枯劲而黄、白，与茫茫原野相得。天气凛冽，裘衣之毛露在外面，人仿佛一匹匹笨重之兽。

"公子，那年我们急急走后，狄人首领被夷吾的这种行动激怒，举兵侵晋，还渡过汾水，到了离绛都不远的地方。"赵衰迎着日光，脸面有些红了。

"我记得在齐国时，那次欲诳公子出来，一起离开临淄。"狐偃两只细小耳朵，冻得有些乌紫。"不料竟没成功。"他瞅了瞅重耳，"那天我告诉姜氏，公子在狄时，没有一天不是出车行猎，追捕鸟兽。如今在齐久不活动，只怕四肢懈怠，所以才请他出去一起活动活动筋骨的。"他嘿嘿一笑，"不料竟被姜氏识破。"

有人努力奔到公子车旁，对着狐偃扑通跪下。狐偃一愣，认得是家中老仆。老家仆尘土满面，说是狐突大夫被晋国新君杀了。说着说着抽噎起来，泣不成声。他用黑袖子不时擦着脸，风像刀子一样割过去。

原来今年天气热时，圉听说父亲夷吾生病，心想万一不测，君位就被其他人占了，便辞别妻子嬴氏，从秦国逃归。圉一人渡过黄河，孤零零回到晋国。父子二人相见，心中自然欣喜。九月，惠公病逝于床。临终之际，叫去吕甥、郤芮托孤："别的公子不怕，寡人只怕亡命在外的那个重耳。"奄奄一息，犹能如此惦记。"君上放心，臣自有办法。"吕甥回答。

圉继位后，悬挂告示：

凡跟从重耳出亡在外者，限其家人亲属三个月内召回。如期归来，既往不咎。若是过期不至，非但将出亡者判以极刑，父子兄弟也处死不赦。

第一个针对的，自然是狐突老大夫。狐突是献公重臣，谁都知道，他的儿子狐偃跟从重耳，出谋划策，俨然心腹。一队人马到了秦国，犹如一根芒刺，深深扎在了圉的背上。圉有些后悔了，不该偷偷摸摸只身离秦，引起穆公愤怒。"只要狐突召回狐偃，其他的人会随之回来。"郤芮登门去说，不料老大夫那么倔强，一点儿商量的余地也没有。郤芮碰了一鼻子灰，怏怏而退。圉不死心，又召见狐突。狐突明白，一去难以复返，便与家人珍重诀别。"臣老病在家，不知为何召见？"焦躁不安的圉故作镇定："狐偃在外，你可有家信召他回来？""没有。"狐突直视夷吾。"魏阙之上，寡人之令，老人家没有看到、没有听见吗？"

"臣听说，忠贞的臣子事奉君上，宁死也不会有二心！我的儿子跟从重耳，已经不是一天两天了。就是流亡在外，也有十八年了。狐偃他忠于重耳，犹如这堂上的臣子忠于君上。如果他独自逃离回来，臣非但责怪他的不忠之举，还要将其杀于家庙之前，以告慰祖宗之灵。现在让臣召回，岂有此理！"

狐突的慷慨陈词激怒了圉："若是召回，免你死罪！"

郤芮拿来简版，捧到狐突面前，将笔塞进其手。

"好，我自当书写！"狐突声音激昂，凛然回荡在廊柱之间。所有的人面无表情，木木地盯着他。狐突摆正笔，写下两行：

"子无二父，臣无二君。"

"作为儿子而不孝顺，作为臣子而不忠贞，这才是老臣所惧怕的。若说死，对于臣下而言，那是常有的事，又有什么可惧怕的呢！"

"老大夫，被、被斩于市曹了。"老家仆哇的一声号啕大哭起来。

"啊呀！"狐偃听完，手中的戈咣当一声掉于车下。赵衰早将冰冷的缰绳放下，扶住狐偃。重耳也一个大步，过去搀扶。车身一晃，四匹马儿，不知哪匹发出一阵压抑的长长嘶鸣。

"刚一即位，就诛杀老臣，这个圉怕是活不了多久吧。"胥臣一脸凝重。

"嚯，哪天杀了回去，我一定将这小儿斩为两段。"魏犨握紧拳头，将牙齿咬得咯嘣乱响。

颠颉站在那儿，嘴角紧闭。

"人死不可复生，悲伤无用，我们再做打算。"赵衰放开狐偃，狐偃站直了。

"忠贞之臣有如此之祸，圉将自作自受。"介子推清澈的目光里，泛出一股哀伤。

公孙枝从车上下来，走到跟前。

"舅父不必过度悲伤，我们终有复国之日，那时定当为老大夫报仇。"重耳也安慰道。他抬起头，看到了公孙枝。

一队人马掉转车头，朝着秦都雍城返回。但见远处山脉伫立天下，云将青灰的影子笼罩其上，似在轻抚。众人心里，像压着一座山，久久喘不过气来。风吹过芦苇，白花花刺人眼睛，还有轻絮飘扬。日光在他们身后追逐着，驱赶着。

几个人简单整顿了下，去见秦穆公。走在路上，围着狐偃，一边说着话，一边用目光再度安慰。

"圉继位后，倒行逆施，在吕甥、郤芮把持下，悬挂告示，要其亲人召回跟从公子流亡的我等一行，限期三个月。若召不回，则遭屠戮。狐突老大夫不从，竟被害了。"胥臣面向穆公。

"竟有此事！"穆公甩起宽大的袖子，口吻挟有西北砂石之气，"这个圉，与他父亲夷吾一路货色。真是有其父必有其子！"他走前几步，眉头一动，正对重耳："这正是上天赐予公子的良好时机，不能再等下去了。"他用燃烧的目光，盯住重耳与他身边几个人："公子复国，寡人当鼎力相助。"洪亮的声音，直达高空。一只大雕，拍打着车轮一般的翅膀，越过他们头顶去了。

赵衰没有望向头顶："我等期盼，如大旱之望云霓。"他目光奕奕，"君上若肯出力，现在正是时候！"

纷纷扬扬，天上飘下大雪片来。

重耳一行坐定不久，正沉默无语，忽报晋国又有人来。一位俊逸少年，说是栾盾，进得门里。栾盾称是奉父栾枝之命而来。他将国内情形，略略叙述一遍。狐突老大夫殁后，群臣闭门，民声沸腾。栾枝与郤毂约好，召集人马，备好兵甲，一旦公子一行归国，他们愿为内应。他们摩拳擦掌，只待这一天到来。

听了之后，公子一班人，悲伤才稍稍扭转。

不便久留，栾盾匆匆别过，冒着风雪深一脚浅一脚地走了。

听说穆公将助重耳公子复国，流亡在秦的晋人丕豹愿做先锋。

当初在丕郑支持下，里克杀了奚齐、卓子，迎回夷吾。夷吾归国之前，许给秦国五座城池，又答应给里克汾阳之田百万，丕郑负葵之田七十万。继位之后，却都反悔。派丕郑出使秦国，违背许诺，不给秦国城池，并赐死了里克。丕郑听说后，与秦穆公谋划要推翻夷吾，迎立重耳。不料回国后计谋被看破，于是被杀。丕郑之子丕豹逃奔秦国，日夜思念报仇。

秦国的冬天似乎冷于晋国，大风呼啸不止，吹光了天空，也吹净了大地万物。

一个晴朗的午后，有两个人站在塬上，一株落光叶子的柿子树下。树皮干黑，稀疏遒劲的老枝上，挂着几枚殷红的柿子，风没有吹落，鸟没有啄食，霜没有冻掉，使旷野显得温暖、明亮，好看极了。

"大人，什么是'忠'呢？"壶叔头上裹着厚厚的帻巾。"那天在渭水边上，听那老家仆说起，狐突老大夫曾说，作为臣子要忠贞，不事二君。可是栾枝与郤縠那些人，不都是晋国大夫吗？他们为何要背叛晋君呢？"壶叔像一把简洁的壶，不闷声闷气，但有什么话只管倾倒出来。

"人有明暗之分，君也有明君、昏君之别。譬如我们公子，将来复国之后，定是一位明君。当今晋君便是一位昏君。明人投奔明君，昏人投奔昏君。吕甥与郤芮，便是夷吾与圉的左右臂膀，昏昧之至。留在国内的栾枝与郤縠他们，还有先前的里克、丕郑与狐突老大夫，他们是明人，自然寻求明

一个晴朗的午后，有两个人站在塬上，一株落光叶子的柿子树下。

君。"介子推白衣白裳，正与壶叔形成鲜明对比。

"这么说来，保护奚齐、卓子不成，因而自杀的荀息大夫，也是一个昏人了？"壶叔似懂非懂。

"荀息大夫说过，尽心尽力事奉君主是为忠，宁死也不食言是为信。宁愿舍命，也不愿背弃他对先君献公许下的诺言。忠、信加在一起，用在奚齐、卓子这两个嬖人之子身上，就成了一种愚忠。"介子推回答。

"里克大夫被夷吾逼得自刎前，也说过他是忠的。这又是怎样的'忠'呢？"壶叔加上一句，"他说如果死而有知，他有何面目去见荀息大夫。"

"里克大夫所说的'忠'，是一种对于国家的'忠'。他最先想迎回的，其实是我们公子。公子没有答应，结果夷吾才回去，做了晋君。开始里克大夫也是劝说夷吾，不料竟被吕甥、郤芮暗算。"介子推抬头，白日行将坠落。"就是夷吾，在里克大夫死后，也非常后悔，埋怨郤芮让他杀了国之重臣。"

"里克大夫忠于国家，结果遇到昏君，走上死路。"壶叔似乎开窍了，"可是，丕豹背叛晋国，到秦国作大夫，这算是忠还是不忠呢？"

"丕豹大夫之前曾劝秦君进攻晋国，那也是出于对夷吾的愤怒，想让百姓把他赶走，并非要使晋国灭亡。现在他做先锋，也是急着要推翻圉，好使我们公子复国，并不是要给晋国带来战争。"

"哦，这忠不忠的，还真是不说不明白。"

"晋国期待明君已经很久了，百姓引颈企盼。"不知何时，夜空上出现一颗硕大无比的星。"我们公子，愿他尽快拯救晋国百姓于水火之中，愿他做个明君！"

功成身退

　　浍水还是那么清，那么白。沿河一直往东北走，走上半晌，家就到了。这会儿是初春，天地空落落的。东北那座山，线条柔和极了，介子推的心也柔和起来。他家就在山水之间，一片缓缓下降的坡地上。走得有些热了，但还不至于出汗。时令尚早，讨厌的蠛蠓（miè měng）还没有出现。

　　家越来越近，介子推的心通通直跳。大青石墁的坡，歪歪斜斜地上去。到了尽头折向西北，看到村口那株大槐了，看到树下那个大石臼了。石臼还是那么圆、那么大，槐树却长得更粗、更高了。日上中天，槐树下的阴影极小。介子推心想，十九年来，母亲有多少回就在这石臼里，一遍一遍地舂着黄澄澄的小米，打发艰难日子，有多少回，站在这槐树下朝着西南方向，盼望他有一天突然站在面前。这一天到了，介子推推开柴门，一群麻雀叽叽喳喳飞离篱笆。

母亲老了，瘦小了。髻上白发束得那么紧，那么利索。脸上的皱纹细细密密的。两只眼睛看上去那么清亮，没被岁月蒙上灰尘。腮瘪下去了，嘴里的牙也不全了。她的腰弯得那么厉害，右手握着一根枣木拐杖。看到跪在院子当中的儿子，听到一声浑厚、略带沙哑的呼唤，两行眼泪就流下来。她揉了揉眼睛，反复打量。介子推才知道，母亲的眼睛花了。

在秦国的支持下，经过一番激烈斗争，重耳即位，这位在漫长岁月里饱尝苦难，也曾享受短暂安逸的公子，即位之后没有闲着。

那次封赏的标准，连同它的名单，被后人亦真亦假地拼凑出来。当然，只是一个简单的名单，人数不可能那么少。晋国再怎么遭受多年折腾，也还是一个大国。即使国力略有凋敝，仍然人才济济。公子，不，是晋文公，将赏赐分作三等：从亡者首

母亲老了，瘦小了。

功，送款者次之，迎降者又次之。三等之中，分别按照功劳大小，再分上下。没采地的赐予采地，有采地的予以扩大，或者职加一级。

不管送款者，也不管迎降者，我们看一看从亡者名单吧：狐偃、赵衰，自然列为上等；下等之中，有胥臣、魏犨、颠颉等等。晋文公又将秦穆公所赠的十双白璧，分出一半，在朝堂之上，转赐狐偃："那次把一双玉璧投进了黄河，现在以五双作为回报吧。"

魏阙上，悬挂出诏令：

"有功而未受赏者，可以自己上报！"

壶叔找上去："小臣自蒲城就一直跟着君上，天南海北地四处奔波，腿也跑短了，脚后跟也磨厚了。君上出行，小臣把车子停得稳稳当当的，马系得好好的；休息卜来时，又是准备吃喝，又是准备席蓐，无时无刻不在左右侍候。现在君上赏封跟从流亡的人，却没小臣的份儿，难道是小臣有什么过错吗？"

"你过来，寡人告诉你。"晋文公缓缓开口："那些以仁义教导我，使我豁然开朗的，领受上赏；出谋划策，使我在诸侯之中免受责备的，领受次赏；冒着箭矢、挡住戈矛，以身体保卫我的，领受再次一等的赏。所以——"晋文公停顿了一下，"上赏赏的是德行，次赏赏的是才华，再次一等赏的是功劳。"壶叔似懂非懂地听着，张大了嘴巴，眼睁睁地盯住高高在上的文公。"如果是奔波劳累之功，又在其次。""是啊，是啊，没有功劳也有苦劳嘛。"壶叔心里嘀咕，平白大道理，他懂。"三次封赏之后，就该轮到你了。"文公说完，等待有些日子不见的壶叔回答。"嘿嘿、嘿嘿……"瘦而高的壶叔，站在廊柱下，脸还是那么白而净，只是没有什么词儿了。

国库开启，那些金，那些帛，一批一批取了出来，赏赐给了那些名字不见于史册的小人物。

有个名叫解张的邻人，住在介子推家的东边。他们自小一块儿长大，曾经围着那个大石臼追撵，也曾在大槐树上捉槐蚕。解张是个明白人，却长久居于群氓之中，春种夏耘秋收冬藏，过他的小日子。不过，他也常去都城转转，也许去籴米，也许去卖麻。

一天，他兴冲冲地来到介子推家，在柴门外叫喊。

自从那次回家后，介子推就再也没有走。离家多年，家里一切物件，似乎还在原处，只是母亲老了。还有妹妹，出嫁以后死了丈夫，没生孩子，又回娘家与母亲一起过活。家中两孔西窑，北面一孔大而深，窑后又有小窑，母亲住在前面，妹妹住在后面，中间北壁下是灶。院子扫得光净，连一片落叶也找不到。平日，母亲收拾家里，妹妹去地里做些农活。介子推回来后，母亲将南边那孔略低一些、浅一些的窑洞收拾出来，让他住了进去。大缸小瓮、米罐面缸、陶壶瓷盘，一些农具，坏了又舍不得扔掉的破烂家具，紧紧堆在了窑洞后面。

听见解张叫自己，介子推丢下手中活儿，拉开柴门。他们两人相并，到了院子当中。刚才，介子推正在编织葛鞋。

"城门边上悬挂告示，要有功劳而没有受赏的人上报。"解张倚在石上，两手交叉，右腿前伸。

介子推笑了笑，扯起一条葛来。这段时间，他的脸色变得红润起来。

母亲离开灶台，颤巍巍地摸索着，端来两碗水，放在两人之间的小石台上。她也站在那里。暮春天气，日头暖洋洋地照着。两孔窑洞顶上的棘，正抽着新叶。母亲朝向介子推：

"你跟随君上在外十九年，还曾割下腿上的肉救他一命，功劳苦劳都不算小，现在怎么不去找找？"她用手指了指靠近解张的那只碗，"快喝水吧，凉了。"咳了几声，她极力想压住，但没能。"或许能够分得一些米，一些麦，总比坐在这里编鞋强吧！"

她用干枯的两手，握紧拐杖，拄在面前。不高的拐杖，高过了她。

"献公九个儿子，只有君上一人还在。惠公、怀公无仁无义，国内国外都将他们抛弃了。上天不灭绝晋国，晋国要有新的主人。这新的主人，不是如今的君上还会是谁呢？"介子推有些激动，可他顾不得端起碗喝口水。"这是上天的安排，可那几个人，却认为是他们的能耐，这不是很荒唐吗？偷窃别人的财物，还被说成是盗贼；何况这些人，把上天的安排说成是自己的能耐！下面的人认为自己的罪过是义行，上面的人还要封赏这些欺诈的人，上上下下互相蒙骗，我不能与他们共处！"一片棘叶飘过介子推面前的碗，没落进去。

"我宁愿一直编鞋，也不愿把上天的安排说成是自己的功劳！"

"就是不要什么俸禄，你也应当前去说说，要不谁会知道你的功劳呢？"看到儿子发怒，母亲的话明显柔和起来。

介子推喝了几口水，将碗顿在小石台上。剩下的少半碗水，一晃一晃，快要泼洒出来。

"明白了这个道理还去效仿他们，过错就更大了。我既然说出这样的话，就不会再去要什么俸禄。"

"就这也要让他们知道啊！"

"话，是一个人的文饰。自身将要隐居了，哪里还用得着什么文饰呢？这不是追求显扬吗？"

"唉……"母亲闭紧嘴巴，两腮瘪下去了，白发隐隐透黄。

不知什么时候，解张的右腿收回，他的两只大手，贴在两腿外侧。

妹妹回来了，吱呀一声推开柴门。右胳膊挎着荆条筐，满满的猪耳朵草溢了出来。她疑惑地向这边瞅了一眼，见他们似乎在生气，也不敢打招呼，径直走到北面墙下兔窝前，将草使劲地一把一把拽出，丢了进去。

近些日子，妹妹似乎不大高兴，有时绷着个脸，一言不发，尽量躲避母亲与哥哥，不是去串门，就是去地里干活儿。母亲似乎有些为难，私下里轻轻叹气，有时躲在角落里，举起袖子擦泪。三个人吃饭，也不再像介子推刚回来时那样其乐融融，而是静静地各吃各的。

消息不时从解张嘴里传到介子推耳中。作为邻居，作为少年玩伴，解张只当是与介子推闲谈而已。

流亡途中盗窃资财逃走的头须，如今在晋文公出行时，成了为他驾车的人！全城的人都看到了，高大的车轮在街上驶过，车厢上华美的帷幔起伏，日光在上面一闪一闪，刺人眼睛。文公坐在里面，左右扫视，目光充满期待。那个有过劣迹的小人，全城的人谁不知道他当年的丑事。他凭轼扬鞭，好不得意。

历史学家、小说家是这样替他辩解的：晋文公解散头发准备洗沐时，听到头须求见。"这个人席卷资财不辞而别，让寡人遭受饥饿。今天他来做什么？"守门人让他走开，说国君正在洗头不能见他。头须回答："洗头发的人，头低下来，他的心也反过来了；心反过来，说的话也就颠倒了，怪不得我来求见而不让呢？我有安邦定国之策，要是君上不答应见我，今天我就逃亡去了。"守门人告诉文公。文公恍然大悟："是我错了！"于是戴冠召见。头须请罪之后问道："君上知道吕、郤的党徒还有多少吗？""还有很多。""他们知道罪过甚重，虽然有了赦免之令，却还犹疑不定，应当想办法让他们安定下来才行。"

"有什么好办法呢？"

"举国上下都知道我当年的烂事儿，如果君上让我驾车，大家见了，都会认为君上不念旧恶，那些犹疑不定的也就释然了啊。"

介子推心里更加失望了，仿佛一块大石头掉进井底，堵住水眼，让水憋住。乌云笼罩院子，天越来越黑，好像突然进入夜晚。解张起身告辞，没到柴门就看不见了。

携母隐居

天渐渐高了，蓝色由淡转浓，一会儿白云就会映衬枝梢。介子推抬起头，一颗不小的星，孤零零垂在西边天际，带着白色的芒，不肯落下。他清了清嗓子。夜里凌乱的虫鸣这会儿没了，在这清冷的拂晓时分，它们休息下来。过一会儿又会响起，不过已经不是它们，换成另外一群了。草叶披挂露水，地面是湿的。忽然传来蝉鸣，像一刹凉爽的雨，从昨夜下过来。吱的一声，蝉鸣停了。

母亲早已起来，在东窑里忙活。听见瓢碰在缸中水面的声音，水滴掉进火上的声音，碗磕在鬲沿的声音。

岩壁上嵌了两孔窑洞。那天他们转过一个弯

儿，歇一会儿吧，母亲从介子推背上滑了下来。介子推扭头，那儿有人家。两孔岩洞，明显经过人的加工。没有炊烟，也无人语，两孔岩洞前面，一小块儿隙地上，野草茂盛。那天他们决定就在那里住下来。也许是铁石心肠的猎人，也许是不急不慢的樵夫，住过这里，后来走了，遗弃了一点儿破灶具，上面布满灰尘，手指碰上去，簌簌而落。因为住过人，隙地被开垦过，草才茂盛起来，高与腰齐。

颜色或浅或深，两面岩壁交界处，由于挤压，向上拱起，岩石小而破碎，一条细细的水流，溅溅而下。由于水的浸染，岩层黑黢黢的。每天，或是介子推，或是母亲，就从那里接水。

介子推坐下来，在一条麻点子长石凳上编草鞋。他抽出一条，又抽出一条。草是昨天下午割回的，放了一夜，变得柔韧些，比起昨天刚收获时，好用多了。长长的芦子草，长在不远处山角上。仿佛就是为了让他编草鞋，才故意密密麻麻地长了一大片。风吹过时，高低起伏。

他想起在楚国时，有次到云梦泽边，看到有个人也在编鞋。用的是一种他叫不出名字的草，叶子碧绿细长。鞋子不大，楚人个子不高，脚掌也小。那人灵巧极了，手中叶子翻飞。那一刻，他想起故乡，想起母亲，站在那里呆看了大半天。

"可是，编下草鞋你会下山去卖吗？"母亲几次问他。

拨拉一下，草的清香夹杂尘土味儿，冲进鼻孔。"阿嚏——"

一只灰色大喜鹊，从窑洞顶的山崖上，分开两翅，哗啦啦飞起。刚才它一定盯着这个奇怪的闯入者，看得久了，有些无趣。

以前为了养家糊口，补贴家用，现在编下做什么呢？也许会下山去卖。介子推想起以前一晚一晚在月亮下编，母亲坐在一旁絮叨，或者只是静静地看着。有时他与编了大半或小半的草鞋、尚未编进去的草融为一体，有时，像人在这种状态下大多数时候情形一样，只是机械地重复手中活儿。看不出用心和走神的时候，编出的草鞋有何不同。也许只有穿在脚上的人才知道，可买草鞋的，都是一些日子过得紧促的人，他们的脚坚硬，也许还结了厚茧，哪能感觉出不同？

编草鞋的时候，介子推有时聚精会神，有时心游万仞：

"你跟从君上十九年，前前后后，时间可不短哪，没有功劳也有苦劳吧，怎么说断了就断了？——就这么断了？"介子推想起上山前，头天晚上，他与母亲的又一次交谈。那刻，母亲的语气与其说是询问，不如说是想确定一下。

月光流进窑洞。母亲坐在草垫子上，身子佝偻，手中紧握那根细长、光亮的枣木拐杖，像是随时准备出发。月光下，拐杖微微发出暗红。母亲的脸也像枣木一样，枯瘦，但坚定不移。

"你能做个清洁之士，我就不能做清洁之士的母亲吗？"盘在母亲头上的髻一动不动，头发在月光下更白了。

"我们不如离开这嘈杂的人堆，到一座大山里面隐居去。"

介子推坐在母亲斜对面，身子向前倾着，头向上昂着。一时间安静极了，仿佛等待重要决定的做出。

"不如就去绵山，绵山不近，但也不是太远。我没上去过，但在山下一带多次路过。深山老林，没什么人，只有一些猎户进去打猎，樵夫进去砍柴。我们去里面过活，清清净净。"

月光照在介子推与母亲中间，仿佛村前崖下注入浍水的小溪，窄窄的。母亲开始是在月光里，这会儿月光从她膝前，移到了介子推脚上。那双大脚，跟从重耳奔波了十九年的大脚，在一双由他编的草鞋里，宽宽地撑着。那双走遍天涯的大脚，如今安歇在乡下窑洞里。

"好啊！我们就去！"

唧唧虫声忽然安静下来，也在听他们的谈话似的。窑洞里安静极了，美好月光下的一切都是安静的。长年烟熏火燎，窑洞从穹顶往下，都是黑黑的，仿佛刷了一层漆，在月光下，泛出一层黑油油的光。用木墩子做的几，也是黑油油的，不是熏的，是母亲每天反复擦拭出来的。灶台边酸菜罐子肩上，移动着一个圆圆的光环。一直到窑洞后面，不多的家什，沉浸在黑暗里。

"饭熟了，一会儿再干吧！"

"我们不如离开这嘈杂的人堆，到一座大山里面隐居去。"

一阵小米清香飘了过来。多少次闻过的这香，在山中与在院子里时不同，由于草与树之气的熏染，更加香了。嗞啦一声，那是母亲将酸菜舀进鬲里。"没想到，山上也有荠菜，这下太好了。"眼睛不大好使，但母亲还能凑近看清。西南不远处，一株柏树下，贴地长着一簇一簇的荠菜和小蒜。窑洞里的那个黑釉罐子，被她刷了一遍又一遍，清洗出来，放在灶台边，腌了酸菜。每天早饭，必是冒着白气的小米粥上，舀一勺尖儿发黑的酸菜：

"好，稍等——"介子推将手中一根草编进去，拍拍两膝，站起身来。

一日一日，转眼在这山中，已经一个多月过去了。没人打扰，山中日子似乎要比山下显得长些。

黄栌枝子在灶台里噼里啪啦。这种柴山下没有，火苗子旺，火劲儿足，煮出的小米粥香气四溢。每隔几天，介子推就去山洼里，砍下一捆。花期已经过了，树上结着荚，枝条折断是黄色的，一种新鲜的黄。荚开裂后，里面是小小的肾脏形的籽粒。

吃过早饭，空气中的寒意已经没了，阳光照

在树上、草上、岩石上、新扎下的柴门上、窑洞前隙地里碧绿的菜上，也照在站立在窑洞前的介子推身上。向母亲道别后，他扭过头去打量了一下小棚子里架子上，编织出的一只只草鞋，它们静静地，等待有人穿上，但也不着急。他推开柴门，复又关上。

岩洞窑内明亮多了，但还不像院子里那样温暖。母亲正在洗鬲、碗，她一边洗，一边想起女儿，想起离家上山那天早上的情形。

女儿不愿跟他们一起走，先是不解，后来竟然生起气来。她说她的命为什么这么不好，殁了丈夫，没办法只好回娘家，本想好好地过日子就行了，为什么要去什么山上，隐什么居？是啊，自从苦命的女儿返回家后，她们有多少话说，地里青麦子抽穗了，架下葫芦越结越沉了。儿子回来后，一家三口人开始还好好的，常聊起兄妹小时候的事儿。后来不知怎的，女儿有些不满意，有时发点小脾气。是不是多了一张嘴吃饭？是不是不喜欢儿子光知道一个人在那里编草鞋，不像别人一样，去到城里谋个好差使？兄妹两个自小一块儿长大，感情多好啊。他们早早就没了父亲，懂事得早。可现在怎么就有了芥蒂，怎么忽然就不对脾气了呢？

"要走你们走吧，反正我不去，我就留在家里，看家，要是哪天你们回来，不是冷鬲冷灶，还能有口热饭吃！"

拾掇东西时，女儿倒也帮忙，但有一下没一下，敷衍罢了。也不能怪她，她也像自己，早早守了寡，也没个一儿半女。那一刻，她甚至闪过放弃的念头，留下来好好陪女儿，但看到儿子义无反顾的样子，心下不由惭愧起来。本来想好的三个人一起走，但这个女儿，从小就是一根筋。

天空湛蓝，蓝得像草汁，那么深。介子推顺着小径进山，无论故乡，还是走过的其他地方，从没见过这样的蓝。也有，他突然想起，在齐国时有次，他们看过无边无际的海。海面也像天空一样，蓝得让人有些眩晕。但那种蓝与此刻天上的蓝，还不一样。那种蓝里，包含一些墨绿，混混沌沌。此刻天上的蓝，却像一块巨大的、没进一点儿渣滓的蓝玉，蓝得几乎要透过去了。

"哦，大人，又去砍柴吗？"

从岔路走过来一位樵夫，远远地看见介子推，搭上了话。这是他们第七次见面了。樵夫脸膛紫红，浓眉大眼，嘴角老是挂着米粒。他脚步不缓不急，说话也是慢悠悠的，好像每一个字吐出口前，都要好好嚼一嚼。

"是。"

他们并肩而行，向深处走去。

"大人住进山里，怕是学古时候那些高人，要隐居吧？"

介子推走在右边。

"我听说古时候，有一个小国，有两位公子，一个叫伯夷，一个叫叔齐，他们就隐居在南边远处的山上。山叫什么名字？好像是首……什么阳山？听说西边一个国家，鼓动了不少小国，到东边来攻打朝廷。千军万马，呼啦啦地，人不少哪。他们还在河上发了誓，所有的人都发了誓。人马到了首阳山下，伯夷、叔齐两人听说，下山了。他们拦在领头的人马前，说下面的人不能犯上，要是犯上，会遭天谴的。可那人不听，还是带着人马杀进了朝廷。

听说我们现今的朝廷，就是那个人传下来的。"

"是这样的。"

"听说那两个人，伯夷和叔齐，后来隐居首阳山上，挖野菜吃，找泉水喝。"他举起关节粗大的手，抹了下嘴角，那颗米粒不见了。"那个领头的还算不错，没砍了这两个人的头，放他们走了。"他吐了一口唾沫。"要是换成别的人，他们早没命了。那么多的人马，就让两个人给生生地拦住了。"

吹过一阵小风，高处树叶颤抖。响起一声鸟鸣，怪怪的，像是缺了脂膏的木头车轮在嶙峋的山路上轧过。

"大人为什么要隐居？你又没有什么事。是家里的事吗？家里能有多大的事啊？还是别的什么事？……"

远远地，介子推和樵夫分手了。一个向左，一个向右，消失在树林深处了。山中又恢复了寂静，仿佛寂静本是一株巨大的树，用小刀割开了一个小口子，待刀拿开，又迅速地愈合了，就像不曾有过伤一样。

解张引路

从屋脊与瓦面，渐渐下移到向东突出的檐头与一堵一堵朝东而立的墙壁上，日光照临高大的宫殿，新的一天来了。殿前高台上，晋文公面向东方。一束日光透过斗拱的间隙，穿过野马似的浮尘，直直地射在了他的脚前。

阶下两旁，一株一株大槐，敦敦实实黑魆魆伫立，片刻之后，日光将把它们的挺拔姿态描绘出来。

宫门前，人越聚越多。他们从或宽或窄的巷子里出来，有的用过早饭，肚子是实的，有的则是空的，水也没喝一口，咕噜咕噜作响。三三两两，公鸡一样，昂起或大或小的脑袋，朝向墙上同一块地方。大多人发束在头上，有的着帻巾，甚至有戴冠的。他们或独自念念有词，或三三两两交头接耳。

这时前面有人读出声来：

"有龙矫矫，悲失其所。数蛇从之，周流天下。龙饥乏食，一蛇割股。龙返于渊，安其壤土。数蛇入穴，皆有宁宇。一蛇无穴，号于中野。"

与此同时，在介子推的乡里，那个名叫解张的邻人，也在自家窑里，面朝都城所在的西南方向，透过空洞的窗子，心里一遍一遍默念起同样的字句："有龙矫矫，悲失其所……"他细而高的身子上面，是一个小小的脑袋，两眼也是细细的、小小的，初看起来老是迷糊着，但看第二眼，才发现与第一眼印象完全相反，活动在其中的，是一双机警的、瓢虫甲壳上黑点子一般明澈的眼珠子。为了与人说话方便，他的脑袋总是向前倾着，看起来背也似乎有点儿弯了。但当一个人独自走在路上，那可是高高挑挑，仿佛一株向上窜去的杨树。他是个心细如发的人，有一种与身份不大相符的专注：

"……一蛇无穴，号于中野。"他的脑袋左右摇动。

突然他想到，真是天意在焉：介子推就是属蛇的。若有人出生之前，其母梦见有龙从云彩中而下，那这人将来可是大人物。会有哪位母亲梦见有蛇从草丛中而出吗？生下的会是一个怎样的人物呢？聪明的人有时也会胡思乱想，可能是太兴奋了。那引动一拨儿一拨儿人去宫门前观看的东西，就是他于昨夜悬挂的。

风从乡下，一直吹到绛都，带着泥土味道，带着小米味道，带着辛苦的味道，也带着解张兴奋而期待的味道。

人越聚越多，密密匝匝。有人来，有人走，情形往往是，来的人远多于走的人。特别是在宫门前，这样一个重要地方，又是在早晨，这样一个还没事儿发生、人们总是期待有事儿发生的重要时候。

远远地，一个有模有样的大个子过来了。他尽量走得从容不迫，但最后还是没能压住，越到跟前，脚步越急了。是壶叔，有人认出来。壶叔到了跟前。可是他不识字。那时候不识字的人很多，他是其中一个。只要是个明白人，识不识字、多识一个字少识一个字没有多大关系。

转眼之间，壶叔就弄明白了，有人为发泄不满，悬挂起了这个东西。这可是朝廷悬挂告示的地方！他拨开人群，挤在前面，一把将其扯下，揣在了怀里。"都散了吧，散了吧。"他左看一眼，右看一眼。"快回去吃饭吧，吃完饭，该上地的上地去，该做工的做工去。"没有人表示不满，大家都看过了，听过了，记下了，不在场的人随后也会听别人说到。

　　"君上，刚刚一大群人围在宫门前，看这个东西。"有一段时间了，壶叔没有踏入宫门见晋文公。

　　"什么东西？"抬眼看去，晋文公发现这个总坐不住的壶叔，似乎有点发胖了。他接过来，读了一遍，再读一遍，又读一遍：

　　"'有龙矫矫，悲失其所。'分明是说寡人当年的事儿。'数蛇从之，周流天下。'一伙儿人流亡。'龙饥乏食，一蛇割股。'提起的是路过卫国时，介子推割股之事。'龙返于渊，安其壤土。数蛇入穴，皆有宁宇。'又是说到寡人与大家。'一蛇无穴，号于中野。'还是说的介子推。"晋文公将其放下，面对脸有欣喜之色的壶叔，缓缓开口："寡人大赏群臣，怎么单单忘了介子推？"他长长地吸上一口气，又吐出来："这是寡人的过错啊！这样的过错寡人怎能推诿呢！"

殿上群臣面面相觑，似乎也想起了什么。

"赵衰，上次不是诏令，有功未赏者，可以自己上报吗？这是怎么一回事儿？"

"君上，介子推一向清高，君上不是不知——"赵衰低下头，露出惭愧之色。

"这个介子推——"狐偃对面回应。

"哼！哼！"魏犨望了一眼颠颉，从喉咙里发出。

殿上静悄悄的，众人听个一清二楚。颠颉把脸扭向一边，好像没有在看魏犨，也没听见他那两声不高不低、让人掂量掂量的哼声。

次日，赵衰身后跟着解张，两个高个子一胖一瘦、一前一后急匆匆地进入宫门，跨过一道一道门槛，踏上一级一级的台阶。由于走得急，两人的鬓角，都沁出了细细的汗珠，一粒一粒。

"君上，介子推长离家门，这是他的邻人解

张，他情愿前来，告知介子推去向。"

"禀告君上，那不是介子推写的，是小人写的。"解张毫不紧张，"介子推以求赏为耻，已经背负其母，隐居绵山了。"略微停顿一下，"小人害怕他的功劳白白泯灭，无人知道，所以代为动笔。"

"如果不是你写来悬挂魏阙上，寡人几乎忘记介子推的功劳了。"晋文公沉浸在回忆之中，往事涌现心头。"解张，为了感激你的报告之功，授予你下大夫之职。"晋文公的语调高起来："现在我们就动身，你做向导，前去绵山寻找介子推。来人啊，备好车马，即刻出发。"

已近夏尾，天气仍然炎热，不过走到野外，如果仔细感受，能分辨出秋天即将到来的气息。天空不再那么低垂，不再压在头顶不让浓浓酷暑透出，不再随时来一场大雨劈头盖脸，而是有些高远的意思了。晋文公站在车上，让人撤掉帷幕。这些日子里他一直处理事务，根本没有注意到光阴变换。北方八月，天地仿佛藏起什么，显得无边无际。那些年里有多少次，他们就是这样在旷野上奔波，想起介子推割股那回，就是在这样一个天气里，晋文公不由得鼻子一酸。

高大的车轮一圈一圈转动，在晒得白亮的路面驶过，晃人眼睛，马蹄得得，有时尘土飞扬起来，扑进车内，晋文公毫不在意，急切地望着前方。

后面跟着一辆一辆车，君上都出来了，臣子们哪能待着不动。再说，这是在国内的一次出行，没什么要准备的，不需要准备什么。他们也像君上一样，这些日子里忙碌得很，一刻不得闲。突然有了这个机会，谁不想出来转转？那些熟悉不熟悉、认识不认识、听说过没听说过介子推的人都来了。人之常情，当年一起跟随晋文公流亡过的人，此刻都在脑子里闪现出一个介子推来。他们非常奇怪，那样一个人当年是怎样与他们一起相处的，一起待了十九年的？真想不通！那个老是脸上写着清高、一身白色衣裳、身上佩带一只玉蝉的人，他怎么会去隐居，真是让人琢磨不透。

"吱——吱——吱——吱——"一树一树的蝉，饮了清凉露水、感到风寒的蝉，叫得更欢了。

车马停下，齐齐地指向一座山。马甩着尾巴，打着响鼻，偶尔将一只蹄子抬起来，舒缓一下。
车上的人纷纷起身下车。绵山到了，他们到了绵山
前，山南。从车上远望，山像一口大釜倒扣，扣在
平原上，毫无道理地挡住前行的路。到了跟前一
瞧，山还是很高、很大，望不见其顶。云真白啊，
在山上飘移，它们像是出自山里，像是守护着山。
有鸟在叫，在树林里叫，看不见它们，只有叫声在
回荡，像一粒极小极小的石子，掉进深井。

他们是来做什么的？有的人似乎忘记了，有的
人则记挂在心，不知什么时候，他们找来几个农
夫，带到晋文公跟前。

农夫们眼里带着惊恐，张大嘴巴，露出黄黄的
牙。其中一个突然一笑，又赶忙严肃起来。他们高
高低低，散乱地站在晋文公面前。其中一个左肩高
些，右肩低些，那是长年负担重物造成的，看出来
他是他们的中心人物：

"有些日子了，有过一位大人，背着一位老
妇，当是他的母亲，在这儿歇过。"他指着不远处
一株榆树。榆树枝叶披散开来，在地上投下一片阴
影。有风吹过，阴影飘移。"他在那条小溪旁边，

还喝过水。"树东南几步之外，有一股溪水平静地流过。众人这才发现有些渴了，口干舌燥，有人舔了舔嘴唇，咽下一口唾沫，有人则清了清嗓子，不敢大声地吐出一口痰。"喝完水，吃了一点儿自带的干粮，他就又背起老妇，从那个口子，进入山里去了。"别的农夫没有插口，他们脸上那副神情，好像什么都知道，又好像什么都不知道，为什么不早告诉他们。"他们到了山上什么地方，就不知道了。"那些农夫静静地站在那里，似乎还在等他说下去。晋文公与边上臣子们，那些一块儿流亡过、跟介子推极熟的臣子们，等话停下，都齐刷刷地，向北仰望那座说大不大、说小不小的山。山屹立面前，笼罩着长久的大寂静。

农夫们可以走了，但他们似乎还舍不得走，不停地回过头来，惊奇地打量着这些高高在上的人，一辆一辆的车，一匹一匹不用干活儿的马。马是好马，它们高大、健壮、俊美，在寂静的田野里。

他们驻扎下来，在山脚下，在那股溪水两边，搭起帐篷。

那股溪水的源头就在山脚前。一伙儿人找到了泉眼，真小，有人说像马蹄子，有人说塞进袄去就可堵住。水汩汩地流，顺着自己开辟的小道。

　　天色渐渐暗下来，忽然从山脚崖壁，冲出一群乌鸦，咿呀、咿呀地围着营地飞翔。它们羽毛黑亮，似乎要与即将到来的夜融为一体，那里才是它们的家。个头不大，颈上围着一圈儿白羽毛，好像一只清洁、柔和的项圈。姿势敏捷，使旷野也显得轻盈起来。

求之不得

夜已到来，天地一派安静。一朵一朵的帐篷中间，有顶极大、极壮硕的，便是晋文公的主帐。帐篷外面，溪水流向西南，曲曲折折，仿佛一枝白色草茎，就在近处，大概被块石头阻挡，拐个猛弯，犹如人打嗝，一下一下，在八月之夜，让人听来心下一颤一颤的。

"这么大的阵势，如此之多的人马，君上不辞劳苦，就为一个臣下，有些不值得。"狐偃那张黑色的脸，在火光跳动下泛出青光，两颗眼珠子神采奕奕。

"人无信则不立！"晋文公缓缓转过身子，"既然寡人奖赏有功，遍及众人，而独独遗漏了介子推，这是寡人的失误。"他扭头朝向站在狐偃对面的赵衰，"未尝不是你们的过错。"帷幕向里鼓起，外面起了风，但不大。白天炎热，夜晚却已有了丝丝寒意。火光跳荡，那是山上砍下来的黄栌枝子，焰儿紧绷绷地，一荚籽粒啪的一声，猛然裂开了。

"归国以来，事情一件接一件，君上与群臣少有休息之时，疏忽在所难免。"赵衰解释，在高大帐篷下，那挺拔的个子似乎有点儿局促。

晋文公走过来，脚步坚定地站到狐偃、赵衰两三步远的地方，目光却从他们中间，直直地望向帷幕。"不能漏了不该漏的人，尤其是介子推，没有他，也就没有寡人，没有寡人的今天。这次前来，无论如何，我们一定要找到他，请他下山，无论如何，寡人一定要让他得到他应当得到的！"

与狐偃告退出来，赵衰以手加额，装满星斗的银河在头顶上宽阔地横过。

天与山一点点分离，天缓缓地退上去，山待在原地一动不动。昨日看起来疲惫的山，此刻却如此新鲜，仿佛突然从地下冒出来，刚刚挡在了他们面前。如果你是山前一位猎户，或是山后一位樵夫，你会知道，这山前后相异，前山陡峭，后山平缓。当然只是个大致轮廓。山是不规则的，没有一座规则的山。昨日才驻扎在山前的一行，说山像一只倒扣的大釜，一会儿到了后山，他们就不会这么说了。搜山命令下达后，他们四散开来，有的从前山上，有的从后山上，也有的从山左、山右上。山前的捷足先登，山左、山右的要过一会儿，才能涉足，山后的时间更长一些，他们这会儿还走在路上，急匆匆之中相互交谈着什么。

"找出介子推！"

"找出介子推！"

"找出介子推！"

但当他们全部上了山，进入山的内部，就会生出相同印象，这山一点儿也不像远处看到的那么小，那么不值一提。树木或密或疏，层层叠叠相连而去，遮挡住了大部分的天，高高地向上窜去，争取最多的日光。已是叶子开始脱落的时候，不同的树木做着不同的准备，有的发黄，有的转红，色彩斑驳。一片、几片离开枝头，磕磕绊绊，不情愿地掉了下来。低头一瞧，树下叶子相陈。是在寻找一个人，寻找介子推，可有人似乎忘记自己是来干什么的，兴奋地踩到厚叶子上，咯吱咯吱乱响。也有不掉叶子的树，松、柏，针形叶子碧绿，发出阵阵清香。"快看，这是什么野兽！"有人在一株大树下，发现一具不能算小的白骨架，皮毛荡然无存，头颅没了，肋骨历历可数。毛茸茸的狐狸或者兔子，眼前一晃，来不及拉弓放箭。也有什么野鸟，不情愿地拍打着翅膀，飞离高高的树梢。在一块突起的坡头，有人看见一株柿树，树冠真大，火一般红的柿子从树冠顶上，一直结到触手可及的低处。他停下来，捏到一个软柿子。碰到青黄的山梨子、紫黑的山葡萄，鲜红的山荆子，也有人出手，摘下一个、一串、一枝来。"下雨了！下雨了！"哪里有雨，只是密集的树叶洒下一阵水汽而已。土壤在脚底下，发出浓郁的潮湿气息，仿佛要将人种在此处，不要移动。然而，大家还是希望走到一片空地上，喘一喘气，看一看半天不见的湛蓝的天。

"这儿有人！"一个兵推开柴门。木棚下的架子上，草鞋明显少了几双，地上的芦子草还有一

求之不得　93

些，踩上去沙沙作响。

听见吆喝，另外两个兵跟了进来。三人进入东边岩洞。扑面一阵温暖，可以断定主人离去不久，也许一会儿就会回来。灶台里的柴灰，还是燃尽不久的银灰色，中间部分支着，没有垮塌。适应了洞里的昏暗，可以看见，灶边的陶罐黑亮，透过来一阵酸菜气。中间那个兵绕过灶，凑到跟前，揭开盖子，一股浓烈的酸菜味儿，冲进六只鼻孔。他盯住酸菜，上面生着一堆小气泡，白白的，细细的，散发微温气息，在破裂着。"真酸啊！"他低头吸了吸，咽下一口唾沫。

那个打头进入岩洞的兵，走到后面西壁下，掀掉木盖，揭开一个小小的缶，他用两手捏住口沿，朝向洞外，缶底细细一小溜儿小米，积在了一起，黄澄澄的，放出清香。

一个樵夫打扮的人站在门外，往里窥视，发现不对正要走时，被后面那个兵忽然扭头看见了：

"站住！"

三个兵走出岩洞，樵夫通过大开的柴门走进来。

"这儿的人呢？"

"住着一位大人与他母亲，前些日子才上的山，不知道从哪儿来，也不知道叫什么名字，进山砍柴，在家只是编草鞋。"

"你不知道他叫什么名字？"

"小人不知。"樵夫后悔当初没有问问。

"他一会儿还回来不？"

"哦，他母亲也不在吗？"樵夫瞧了两眼岩洞，希望有人走出来，但没有。他回头盯了一眼西边的小木棚子，日头透过板壁，将粗细不一、带有毛刺的一条条光线，投在架子上的草鞋上，又落到地上。"她可是从不出门的，那么大年纪了，眼睛又不好。"

等了好大一会儿，也不见动静。樵夫慢慢知道正在发生的一切了，原来这位大人，是君上前来找他，要他回去做官的。自己眼力不差，早就看出他可不是一般的人，像个伯夷、叔齐的样子。可不是个一般的人，一下子就能看得出！他们母子两人一定不会回来了，米也带走了，火也灭了。哗啦一声，他听见有个兵从东边岩洞出来，不知踢翻了什么东西，嘴里嚷嚷着：

"走吧，走吧，肯定不回来了！"

黄昏，白颈鸦围着帐篷一圈一圈盘旋，对这些不打招呼的入侵者，不知是表示欢迎还是愤怒，也许是在嘲笑：找不出来吧！找不出来吧！介子推仿佛变成了一只白颈鸦，加入它们欢快的群体中了。

"胥臣，你说介子推会去了哪儿呢？"晋文公望着绵山。一连几天，山几乎被翻了个个儿。脸盘大、肚子鼓的胥臣，个子又是那么矮，看上去像一截粗木桩。一个人的时候，他总是若有所思，老爱盯住地面。总是那么温和，自年轻时起一直这样，如今老了，温和与他的形象显得倒是极其般配。他的右嘴角下，长着一颗大黑痦子。这会儿他抬起头，顺着晋文公的目光，望向绵山：

"君上，介子推既然隐居，就不会自动出来。这样浩浩荡荡前来，肯定有人将消息带上山去。每天上山采药的、打猎的、砍柴的，往来不绝。他知道了，自然不会坐以等待，一定藏起身来。"他拉长语气，一边思考一边陈说，"这么大的一座山，

"胥臣，你说介子推会去了哪儿呢？"晋文公望着绵山。

要是将自己藏起来，也是一件很容易的事。"他将嘴角朝下闭起，随即又打开了，"如今，我们也只有搜山这一个办法了。"晋文公收回目光，脸朝胥臣，仿佛要从他口中得到一个确信，但最后也是没有底儿。

几天时间，天气一下子凉了。起得太早，胡子上会结出小水珠。戈握上去，有种冰冷的感觉。恼人的大蝇子，不再像来时那么多、那么频繁地落在马的腹背上。山离远了，其实还在跟前。草籽开裂、崩落。

"为何介子推对寡人怨恨如此之深！"晋文公脸上带了怒气。他的对面站着解张，那个几天前刚刚成为下大夫的人。

解张一时语塞，似乎有点儿惊愕，但马上镇定下来，目光分明在说，这个我怎么会知道呢？

壶叔从斜刺里走过来。"君上，我听说介子推非常孝顺，如果在山上放一把火烧，他一定会背着母亲出来。"他憨憨地笑着，有点儿得意，又有点儿不好意思，看了看晋文公，又看了看围了半圈儿的臣子。

左右互相看了一看，有些发愣：这个办法嘛，嗯……嗯……

"古时天子一年四季都有围猎演武之举，诸侯亦然，我国也有此制。君上如今事务繁冗，不能操习。"胥臣开口说话时，头总仰起。"按照古制，春蒐（sōu）、夏苗、秋狝、冬狩。"他猛吸一口气。"春天猎取没有怀胎的禽兽，夏天猎取糟蹋禾苗的，秋天捕杀伤害家禽家畜的，冬天才能不加区分随意猎取。"一只野兔忽然从众人旁边，惊恐地窜过去了。"如今我们来到这里，是要寻出介子推，何不趁此机会，也围猎演武一番？"他刹住了口，等待别人反应。

"胥臣此言甚好！"回答他的是赵衰。

"开创此制的，是帝尧。帝尧仁慈，不会斩尽杀绝，田猎之时，总会有所选择，有所放弃。"胥臣说起故事："那是仲冬某日，他在崇山北麓田猎。羿制定了章程，山虞具体置办。崇山东西南北，都有把守。就要围攻之际，帝尧问：'四面合围，禽兽从何遁逃？'羿奏曰：'冬狩当可尽杀不留。'帝尧以为不仁，让羿传令，将南面拆去，为那些想要活命的禽兽，留条出路。天子不合围，被记载下来。正是在那次田猎，从腾天火焰中，跃出一只巨兽，头是黑的，背上长有两扇大翅膀，唤作'天马'。帝尧仁德，以致天降祥瑞。"

说到哪儿去了？众人一时发蒙，思绪飘得远远的。

"君上，"赵衰开口。他那白净的脸，在日光照射下更白了。"如要放火烧山，以逼介子推出来，我看不如也在西南方向，留个口子，一来介子推可以背负其母下山，二来，也给那些山中禽兽一条生路。"他脸上的一丝忧虑被众人看得分明。话刚停顿，他想起昨夜起来走出帐外，见一道白光，突然划过天空，坠在绵山东北角上。他的心里，隐隐有种不祥之感。

火烧绵山

"昨晚我做了一个梦。"

"梦见了什么?"

"梦见了我的师傅。"

"那个伯子常师傅啊?"

"是。梦见我在一株柏树下,不知在做什么。忽然从东北天上,飘来一大朵云。那云越到跟前越大,也越低。到了柏树边停住,师傅就从云上走了下来。"

"他还是那个样子吗?"

"不是。他的眼睛深陷在眼窝里,嘴角往下撇着,比以前更长了,山羊胡子更白了,顶端尖尖的。他站在柏树边,离我约三步远的地方。他说,我们走，我们走，就拉住了我的手。"

"要往哪儿走啊？"

"他转过身，拉着我的手，朝云上走去。"

"哦。"

"踩到了云上，像是踩在石阶上。不是虚的，是实实在在的，就像踩在石阶上。云是一道大坡，我们走了几步，就到了云头。"

"不晕啊？"

"不晕。"

"师傅这才放开我的手，我们面对面站着。"

"他说什么了？"

"他说，我们离开这里，去一个干净地方。云朵突然动了起来，离开地面，擦过柏树枝子缓缓地往上升。我都没打一个趔趄，身子直直的。云朵越升越高。我往下一看，柏树渐渐变小了，那个小山头也变小了。整座大山进入我的眼底，开始是苍翠一片，接着变成模糊的绿了，变成一块绿田了，变成一个绿点了，最后不见了。"

母亲静静地听着。

"我们向着西南方向，看到一轮红日在前面，日光给云朵镀了一层金边，明晃晃的，就像晚霞照在水面上。"

曙光透过树叶，映在他们身上。

"师傅又拉住了我的手，云朵载着我们，向着红日而去。说也奇怪，那轮红日也不耀眼也不热，我们就一点点地，向它靠近，越来越近，最后进入里面。那里面清凉极了，遍布着红栏杆。"

"真是个奇怪的梦。"

一只蝉在他们头顶，吱——吱——地叫了起来。秋风来了，它的声音像是来自另一个遥远的地方。

天地空旷，霞光弥漫，西边还有一颗星不肯落下。山脚前遍布兵卒，他们开始点火。

东边山脚早晒着了日光，草有些干了，一点就着。西边山脚的草，还是潮湿的，一些大枝棵上甚至挂着昨晚的露珠，一碰落一袖子。北边、南边，情形各不相同。终于不用拖着疲惫的双腿上山了，一个个兵，马上觉得轻松了，双腿忽然又有了劲。人真是个奇怪东西，自己也弄不明白。他们不顾裤腿沾满苍耳，又是用棍子把草往一起拨拉，又是弯下身子，侧过脸，用嘴小心翼翼地吹火苗。

西南方向，留了一条小径作出口。晋文公等人，已经来到这里。他们身后，临时搭起一顶帐篷。他们想着，也许中午时分，也许下午，最迟明天，介子推就会背着他的母亲，从山上下来。

"追随君上流亡的一伙儿人，哪个没有功劳？偏偏就你介子推，隐居起来以此要挟，让我们这些人逗留这里，耗费时日。等火把你赶出来，看我怎么羞辱你！"这几天里已经有些不耐烦的魏犨，也埋下庞大的身躯，用手聚拢柴草了。

颠颉不知从哪儿折断一根细长树枝，长面带着叶子，朝魏犨喊："用这个，用这个，别一会儿把你给点着了。"笑意从他脸上掠过，消失得无影无踪。

山脚一圈儿点起了火，有的地方大些，有的地方小些，有的地方密集些，有的地方稀疏些，不管怎样，没有漏下一块儿，除了西南那个口子。西边的火不好点，可是一经点着，借着这个季节吹来的西风，呼呼地一路而去。东边火势就要慢些。火点着了，草着火快，烧过之后蔓延别处。到了灌木丛里了，一些孤零零挺立的树上了。灌木烧得慢些，火要将它们慢慢消化，速度明显放缓了。那些一株两株的树，大的小的，粗的细的，火线早赶到前面去了，它们还在那里慢悠悠地往上烧，越到顶上，火越伸展，就像开枝散叶，抽出红的叶子红的花。

从来没有这么理直气壮地放过火，那些放了火的兵像是在过节，兴奋极了。他们站得远了一点儿，跟前熏人。有的还勇敢地凑到跟前，将那烧着了一小片、又熄灭了的地方，重新点着。

不时地，从火中逃出一只狐狸，一只兔子，一只野猫，一只獾，一头幼小的狼，一头不大的鹿。有的燎了皮毛，有的完好无伤，它们无一例外，睁大惊恐的双眼，凭借四足动物的天然优势，狂奔不止。

当然，也有向着相反方向，向着山上，撒开蹄爪的，它们不知道走上了一条万劫不复之路。

"这些兽，它们怎会知道西南边留有一条生路呢？"赵衰白净的脸上，落上了飘来的烟灰。

"只有那些惯会躲避灾难，而又不停寻求出路的，才会找见西南那个出口。"胥臣眉头紧锁，显得有些沉重。"可是，能够逃出来的，毕竟是少数。兽是这样，人也好不到哪里去。"

"不知道介子推会在山中哪一块岩石之下。"

"他要是能随时、随势而移就好了。"胥臣似乎放弃了。

突然从西南小径上，蹿下一只豹子。众人还没看清，那斑斓闪烁的花纹就一闪而过。魏犫正要拉弓，马上想到这是留给它的逃亡之路，于是松开了手。倒是有些兵，举在手中的戈、棍，还没放下。也许只是出于防卫，并不想去追逐、杀死那先知先觉的轻捷的兽。

山脚一圈儿，烧出一条黑幅，越来越宽。山与大地交界的轮廓，显露出来。仿佛山不是从大地长出来的，倒像一个外来之物，无缘无故被放置到了那里。晋文公、臣子、仆役与众多的兵，围在山的周围，仿佛一只一只蜜蜂，围着中间一朵从没见过的巨大的花。那花颜色不是从里向外，而是从外向里过渡，那种黑、灰，往花心里一圈儿一圈儿过渡。

"阿嚏——"有人捂起鼻子，有人用手使劲揉眼，或者让旁边的人，给他吹一吹。

"可惜了这些树木，可怜了这些禽兽。这些树木要长多少年啊，这些禽兽一条条的命就这么没了。"说话的人名叫贾佗，慢条斯理，脸上有种悲悯的神情。他的旁边站着先轸，一个伟岸的人：

"为了一个人，烧掉整整一座山，何况这个人不一定能给逼出来。君上这么做，有些欠考虑！"先轸有部俊美的胡子，那胡子上也挂了灰尘，他用左手捋了一下，右手仍然按在腰间剑柄上。

他们有些疲倦了，有的干脆坐在了地上。让火一直烧吧，反正就是要烧的，想扑灭也不可能了，也来不及了。火发出的声音，在这个季节、这个地方听起来，如此清晰、清脆，仿佛树抽枝拔节，仿佛用一只手使劲拉另一只手的根根指头，或者用左手掌心按住握紧的右手拳头时，关节咯吧、咯吧地响。

天黑下来，没见介子推出来。西南小径上，除了偶尔奔出的一只、几只兽，根本不见一个人影。别的山口没有，也不可能有，火都烧得那么宽了，根本没出路了。晋文公、臣子、仆役与放火的兵，全都回到山前他们的营地。他们本想在溪水里，洗一洗灰灰的脸，与划出一道、几道细小伤口，扎了一根、几根刺的肮脏的手，才发现水面上，早已覆了一层黑黑的灰，水在灰下咕嘟、咕嘟使劲地流。他们只好先用双手掬出灰来，再快速地捧起水，往脸上激去。

"今天没有看到白颈鸦，它们大概都葬身火里了吧！"

有人抬头望望天，又转向帐篷顶上，想找出哪怕一只来。一只也没有。这几天里它们在黄昏时分将他们陪伴，在天空画出优美的曲线，撒落优美的啼鸣，好像他们的儿时玩伴，不肯离去。这会儿一只也不见了。大家把目光投向山崖，山崖早已烧得黑乎乎的，兀立在那儿。

头须生得那么黑，再扑上一层灰尘，也显不出。他的两只眼睛黑亮亮的，根本没被灰尘蒙上。"这火烧得真好，我敢肯定，再没一个国家烧过这么壮观的火了。你见过吗？"他远远地问披。

披似乎不想回答，但想了想，还是撇了撇嘴：

"这火是烧得残忍！"

星斗升起，除了山上，别的地方的星斗还像昨晚、以前那样，各在各的位置上安静地升起，可是山上那些星斗，今晚却不见了。黑烟与鲜红的火，已将它们遮挡、照耀没了。在别处微弱星光的辉映下，可见那些烟，像地上生成的浓云，拥挤着，一团一团、一阵一阵挤上天去。那些火倒伏下去，仿佛为了积聚力量，忽地一下又竭力蹿了上去，噼噼啪啪，将一株、一片树木作为柴薪化为灰。一个几个兵，走出帐篷，来看这难得一见的景观。他们呆呆地张大嘴巴，间或指指点点。已经没有什么兽从里面出来了。"嘻，怎么闻不到肉香，它们不都被烤熟了？""这么大的火，一下子就全变成木炭了，你还想吃肉？"火的形状、烟的形状，在晚上看得比白天更加清楚，虽然晚上没有无所不至的日光，星光那么微弱。"让它烧吧！回——回——"有人左右喊了一喊，大家不无留恋地望了几眼，高声喧哗着，返回帐篷。

又一个黎明如期而至，如果说它与昨天、以前有何不同，那就是有一座山，绵山，正在燃烧。

昨晚，晋文公有何感想，不得而知。

如果你能站在山的上空，站在云端，不被烟呛着，往底下瞧，你就会看到凡人无法看见的景象。兽一只一只往山上退缩，它们已顾不得虎吃狼、狼吃猫、猫吃鼠了，它们急匆匆地擦身而过，向山上窜去。那些愚蠢小兽，有的慌慌张张爬上树梢，向有火的半山腰打量，耳朵竖起，仿佛倾听火的秘密。禽类也无法穿过火层，向外逃逸了。火，已将一块高空烤得几乎要裂开了。小鸟一只几只，像细小的鞋子，纷纷坠入火海，连一点儿灰都扬不起。那些大禽，鹰啦，雕啦，枭啦，飞得更高又怎样？它们拍打着宽大的双翅，呼呼地往山的高处飞去。有的似乎不相信，想努力一下，兴冲冲地闯进火焰上空，飞到半途，前又前不去，后又后不来，挣扎着，努力向上一冲，冲出几米、十几米之高，便收起双翅，一头掉下，被火焰之海收了进去。

大火烧了三天，绵山变成一座空山。除了灰，在西北风中飘荡，扬起来，又落下去，在低洼处堆积，将高处露出。一截一截没烧尽的树干，苦等明年的雨。山前一顶一顶帐篷，也变成黑的了。溪水要变清了，但上面灰还没滤尽，风会偶尔送来一阵。山顶天

"嗟乎！介子推之死也！"

空重新显出来了，还像以前那样生出云彩。

踏着扑扑的灰尘，晋文公一行上山。在东北一块高地上，找到了相拥而死的介子推母子。他们抱得紧紧的，脚下蹬出了凌乱的、深深的圪窝。费了半天劲儿，才将他们分开。他们相依的那株大树，已经分辨不出是柳是杉、是松是柏，只剩下一小段儿。所有的人都低下了头，赵衰、胥臣眼里掉出了泪，魏犨、颠颉愣愣地呆在那儿，一言不发，狐偃木木地伫立在晋文公身边，壶叔的脸上迷惑极了，披一脸冰冷，解张背过身去，望着他与介子推故乡的方向，他们身后几个兵，竟然抽泣起来。呆了半天，晋文公像是从一场大梦中醒来：

"嗟乎！介子推之死也！"

他让人将介子推葬于绵山之下，立祠祭祀，山前山后一带田地作为祠田，并改绵山为介山。

传说，晋文公让人将那一段儿木头砍下，拿回以作纪念。有好事者剖开，制作了一双木鞋。晋文公穿在脚上，来来回回，每当俯视，不禁悲从中来："悲乎足下！悲乎足下！"

"足下"一词后来成为对人的尊称。

介子推
生平简表

●◎ 晋献公二十二年（前655）

晋献公派披伐蒲，重耳逾垣出逃。介子推与狐偃、赵衰、胥臣、魏犨、颠颉等人随同重耳流亡狄地，长达十二年之久。

●◎ 晋惠公七年（前644）

晋惠公派披前往狄地再次追杀重耳，重耳一行被迫离开，前往齐国。途中绝粮，重耳饥饿难忍，介子推割下自己大腿上的肉，熬汤给他，是为"割股奉君"或"割股啖君"。

●◎晋惠公十三年——十四年（前638—前637）

齐国内乱，介子推随同重耳等人又一次踏上流亡之路，辗转曹、宋、郑、楚，至秦，历尽艰辛，饱尝冷暖。

●◎晋文公元年（前636）

在秦国帮助下，重耳一行返晋。重耳即位，史称晋文公。赏从亡者，介子推不言禄，携母隐居。为逼他出来，晋文公"火烧绵山"，介子推被烧死。晋文公将绵山一带作为介子推的封田，并表示了深深的悔意与对他的尊崇。